工业和信息化部"十四五"规划教材

汽车类专业
人才培养系列教材

U0733458

田丰福 代孝红 / 主编

于亮 王阔 朱琳 孟永帅 周艳微 / 副主编

商用车
保养与PDI

微课版

人民邮电出版社

北京

图书在版编目（CIP）数据

商用车保养与PDI：微课版 / 田丰福，代孝红主编
. —— 北京：人民邮电出版社，2023.12
汽车类专业人才培养系列教材
ISBN 978-7-115-60556-6

Ⅰ. ①商… Ⅱ. ①田… ②代… Ⅲ. ①汽车—车辆保
养—教材②汽车—检测—教材 Ⅳ. ①U472

中国版本图书馆CIP数据核字(2022)第225049号

内 容 提 要

    本书包含商用车保养基础、整车检查与保养概述、检查与保养动力系统、检查与保养传动系统、检查与保养行驶和操纵系统、检查与保养空调系统、检查车身电气系统、检查内外饰、检查售前车辆等内容。

    本书遵循职教学生认知规律，在教材体例架构、内容、学习方法、教学方法和学习资源等多个方面进行了精心设计，采用"模块—任务"教材体例，遵循任务流程导向，融入 1+X 考核标准，实现课证融通，配有丰富的媒体资源，具有鲜明的职业教育教材特色。

    本书可作为职业院校汽车电子技术、汽车检测与维修技术、新能源汽车检测与维修技术、汽车技术服务与营销、汽车智能技术、汽车制造与试验技术、新能源汽车技术等专业教材使用，也可作为成人高校汽车电子技术、汽车检测与维修技术及相关专业的教学用书，还可作为社会从业人员的业务参考书及培训用书。

◆ 主　　编　田丰福　代孝红
    副主编　于　亮　王　阔　朱　琳　孟永帅　周艳微
    责任编辑　王丽美
    责任印制　王　郁　焦志炜
◆ 人民邮电出版社出版发行　　北京市丰台区成寿寺路 11 号
    邮编　100164　电子邮件　315@ptpress.com.cn
    网址　https://www.ptpress.com.cn
    大厂回族自治县聚鑫印刷有限责任公司印刷
◆ 开本：787×1092　1/16
    印张：11.75　　　　　　　　　2023 年 12 月第 1 版
    字数：293 千字　　　　　　　2023 年 12 月河北第 1 次印刷

定价：45.00 元

读者服务热线：(010)81055256　印装质量热线：(010)81055316
反盗版热线：(010)81055315
广告经营许可证：京东市监广登字 20170147 号

前　言

随着汽车排放法律法规的日益严格和汽车电子控制技术的快速发展，商用车结构和电子控制系统越来越复杂。能够正确使用工量具并按照规范维护车辆，是从事汽车检测维修、制造、试验等岗位技术人员的必备技能，是高等职业教育汽车类专业技术技能人才培养的专业能力要求。

本书全面贯彻党的二十大精神，秉持"客户服务""能力本位""任务流程导向""互联网+"的设计思路，融合1+X证书标准，引入新技术、新工艺、新规范，把理论知识、职业技能、素养目标有机融入实践内容，采用模块化教材结构。本书内容主要包括商用车保养基础、整车检查与保养概述、检查与保养动力系统、检查与保养传动系统、检查与保养行驶和操纵系统、检查与保养空调系统、检查车身电气系统、检查内外饰和检查售前车辆等。

本书遵循职教学生认知规律，以为学习者提供脚手架式学习帮助为目的，从教材体例架构、内容、学习方法、教学方法和学习资源等多个方面进行了精心设计，体现了职业教育的特色，主要有以下特点。

（1）构建课程模块。本书基于能力本位教育理念，遵循职业教育人才培养规律，构建"模块—任务"教材体例，设计了9个模块、29个任务，支持模块化教学实施。

（2）为学习者提供脚手架式帮助。本书的活页工单设计以"学、思、练"为基调，遵循实际任务流程的同时，还为学习者提供了脚手架式帮助，为教师和学生提供相对标准的参考，解决学生基础和教师能力差异化问题，全方位提升教学效果。

（3）教材资源丰富。每个模块配有丰富的媒体资源，任务中都有若干工作表（即活页工单）和紧随每个活页工单的参考信息，可供学生学习使用，并方便教师考核使用。

本书编写团队由校企专业人员组成，既有长期从事职业教育教学和承担企业培训的教授、工程师，也有来自企业的技能人才。全书由田丰福、代孝红任主编，于亮、王阔、朱琳、孟永帅、周艳微任副主编，温雪、张海华、张颖、孟祥文参与编写。其中，模块1由孟永帅编写；模块2由温雪编写；模块3的任务3.1~3.4由于亮编写；模块3的任务3.5、3.6由张颖编写；模块4的任务4.1~4.3由代孝红编写；模块5由王阔编写；模块6的任务6.1、模块8由田丰福编写；模块6的任务6.2由孟祥文编写；模块4的任务4.4及模块7的任务7.1、7.2由周艳微编写；模块7的任务7.3~7.5由朱琳编写；模块9由张海华编写。佟得利、孙雪梅等参与了教材框架制订、数据采集、技术支持等工作，在此一并表示感谢。

由于编者水平有限，书中难免有疏漏和不足之处，敬请使用本书的师生和读者批评指正，以便修订时改进。

编者

2023年1月

目　录

模块 1
商用车保养基础

| 任务 1.1 识别车间危险源 |

1.1.1 任务信息

任务 1.1 识别车间危险源

姓名			班级	
学时			日期	
成绩			教师签名	
案例导入	某汽修厂维修车间突发大火，铁皮屋顶和车间内的 3 辆正在维修的汽车被烧得面目全非，损失严重，所幸没有造成人员受伤。据初步调查，火灾是工人维修汽车时不慎引发的。安全是企业的生命线，是一切工作的前提条件			
任务目标	知识	1．了解车间常见危险类型及危险标志； 2．熟知人身安全防护用品的作用		
	技能	能够针对车间存在的安全隐患进行正确处理		
	素养	1．树立安全操作意识； 2．具有突发安全事故的应急处理能力； 3．培养团队协作能力		

1.1.2 任务准备

1．实训车辆（商用车）4 台，灭火器 4 个，挡块 16 个，护目镜、手套等防护用品若干。
2．车间常见危险类型及处理措施、安全防护措施等媒体资源。

1.1.3 任务实施

说明：请通过查阅媒体资源、文档资源、相关"参考信息"等方式，完成以下工作任务。

识别车间危险源

1. 观察下图示例，请圈出存在安全隐患的地方。

2. 将所有学员进行分组，小组协作，参考所给示例写出发生在维修车间内的 4 种危险行为，并解释该行为是如何影响安全的。向其他小组展示讨论结果。

① 跑动：车间是一个危险的地方，人在车间内跑动可能导致滑倒、绊倒或跌倒，因此可能对人造成伤害，也有可能导致车辆或设备损坏。

② _____

③ _____

_____

④ _____

3. 小组协作，参考所给示例写出在汽车维修车间环境内可能存在的 4 种潜在危险。针对每种危险（可能造成伤害的某些事项）给出一个示例，说明如果危险因素未能得到正确处理，会怎样影响安全。向其他小组展示讨论结果。

① 照明不良：车间内照明不良或不充足将会减弱能见度。这是非常危险的，因为某些人可能被空气管绊倒或跌下楼梯等。

② _____

③ _____

④ _____

4. 开展组内自评与组间互评。

评价记录：_____

_____

_____

_____

_____

5. 现场整理清单

序号	实施项目	维护方法	判断标准	是否合格
1	照明灯	目测/实施	不用时及时关闭	
2	座椅	目测/实施	一桌两椅，靠桌收拢	
3	窗户	目测/实施	干净无灰尘，人走窗户关闭	
4	窗台	目测/实施	干净无灰尘，无杂物	
5	遮阳帘	目测/实施	同一面上、下沿对齐	
6	地面	目测/实施	无垃圾、污渍	
7	车辆	目测/实施	停放整齐，驻车制动器拉起	
8	工具设备	目测/实施	摆放整齐，归位复原	

认识车间相关标志

强制标志用于指示为了遵守法定要求和确保安全而必须采取的行动，请将下表中缺失的标志信息填写完整。

1. 一般强制标志	2. ＿＿＿＿＿＿＿	3. ＿＿＿＿＿＿＿
4. ＿＿＿＿＿＿＿	5. 必须穿高可见度衣物	6. ＿＿＿＿＿＿＿
7. ＿＿＿＿＿＿＿	8. ＿＿＿＿＿＿＿	9. 必须戴安全帽

认识灭火器种类及所灭火源类型

找出学校实训场地中的灭火器，将不同类型灭火器的颜色、标志等信息填入下表，并确定该灭火器所灭火源的类型。完成任务后，各小组间相互展示结果。

灭火器		火源类型				
类型（灭火剂）	颜色或标志带颜色（筒体颜色）	固体（纸、木材）	易燃液体	易燃气体	电气设备	注意事项
水基型（水雾）	绿色	✔	✔	✘	✔	扑灭一般的家庭电器引起的火灾不可使用普通水基型灭火器，须使用水雾水基型灭火器
泡沫						禁止用于电气火灾
干粉						最高安全电压为 1 000V
二氧化碳						可在高、低压电路上安全使用，切勿在狭小区域使用

1.1.4 参考信息

1. 常见的危险类型及处理措施

（1）废油液

废机油、废冷却液、废制动液等应由指定废油桶收集，并交给有相关资质的部门回收，随便丢弃可能造成严重的环境污染。地面上的润滑脂、机油、冷却液或零部件清洗液易使人摔倒，造成严重伤害，如图 1-1-1 所示。

车间常见危险类型及处理措施

图 1-1-1 地面上的油液致人摔倒

油液处理的安全常识如下所述。

① 注意环境保护，废弃油液对环境和水源均有污染，在排放油液之前应准备栢对应的接盛容器（见图 1-1-2），以方便后续的回收处理工作。

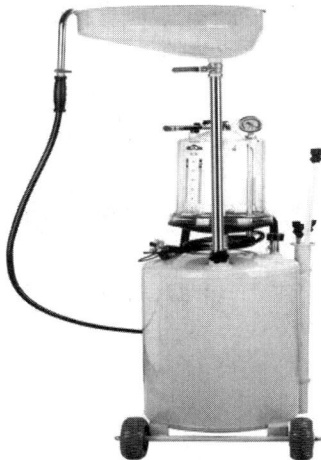

图 1-1-2 油液接盛容器

② 制动液会腐蚀车身漆面，应该及时清除溅到漆面上的制动液；放出和处理废制动液时，务必遵守相关环保法规。

③ 请勿使用食品包装或饮料瓶等器具盛装废液，否则未参加作业的人员可能误食，发生中毒危险。

④ 操作人员在工作后、饮食前必须彻底清洗双手及面部，防止引起皮肤病。

（2）汽油

汽油是非常易燃且易挥发的液体。车内的汽油储存在油箱中，产生的汽油蒸气由车辆的活性炭罐进行控制，但汽油在车外部储存时产生的蒸气会从容器中逸出，如果在一定空间内汽油蒸气达到一定浓度，遇到焊接火花、火花塞高压线的高压火花、静电等就会引起爆炸。因此进行汽油储存和相关实践操作应注意预防危害的产生。

汽油处理的安全常识如下所述。

① 不要在家中、密闭的库房或汽车行李箱存放汽油。

② 不要长时间保存只剩一部分汽油的汽油罐（桶），因为汽油罐（桶）会释放出汽油蒸气，当汽油罐（桶）中的汽油蒸气浓度到达一定程度时，会存在爆炸的潜在危险。

③ 可以使用铁桶存放汽油，如图1-1-3所示。由于铁是电的良导体，铁桶放在地面上，产生的静电会快速导入大地，不会造成静电荷的积累，不会产生静电火花；但存储时不要将容器完全装满，要为汽油在高温时膨胀留出足够的空间。

图1-1-3 铁桶

④ 汽油罐（桶）必须放在通风良好的地方来降低汽油蒸气的浓度，除加油和倒油之外，不要将汽油罐（桶）开口放置，防止发生火灾。

⑤ 更换汽油滤清器需在空旷、通风良好且带有有效灭火器的工位进行，操作过程中按照操作手册将燃油系统"卸压"，防止管路压力将汽油溅到身上，并保持车门敞开，更换完成后，清理现场。

⑥ 当汽油着火时，不要用水来灭火，否则会使火势更严重。

（3）蓄电池

蓄电池在充电的过程中可能产生氢气和氧气，如果出现火源极易引起爆炸，蓄电池正负极接反或短路也会引起车辆损坏甚至火灾。

蓄电池相关安全常识如下。

① 蓄电池充电时，禁止在操作现场附近吸烟，禁止进行热作业（如焊接、打磨）或使用手机等可能造成安全隐患的行为。

② 在进行充电作业或发动机舱相关作业时禁止佩戴手表、戒指、链子、手镯和其他一切金属物品，防止因为误操作将蓄电池电极短路，使蓄电池过快发热爆炸。

③ 操作人员在作业前，需清空口袋里的金属，防止它们掉落到蓄电池和蓄电池的极桩上。

④ 安装或更换蓄电池时应注意极桩的高低是否和发动机舱盖发生干涉。将蓄电池安装牢固，防止车辆行驶过程中因颠簸而松动。

（4）制冷剂

目前车辆常用的是环保型制冷剂，如 R-134a。这种制冷剂不会破坏臭氧层，但会加重温室效应且有微毒，因此不能排放到大气中，需进行回收，并以一定压力进行储存。维修过程中要遵循规定的安全步骤，否则有爆炸或冻伤的风险。

制冷剂相关安全常识如下。

① 空调器的保养和维修作业务必遵守重复加注和回收处理制冷剂方面的安全措施。

② 切勿使空调器的零件过热，因为过热状态会使系统压力升高而导致组件爆裂，且制冷剂遇明火时，可能产生有毒气体。

（5）电气设备

工作和学习中不正确地使用电气设备可能导致短路和火灾，因此，要学会正确使用电气设备并认真遵守以下防护措施。

① 电气设备和工具长时间使用，会因导线牵拉扯动频繁导致导线磨损而漏电，因此要保持地面干燥，否则会有触电的危险。电气设备在使用过程中发现导线漏电时，应及时进行修复或更换。

② 如果电气设备已经发生故障，则不得再次运转。

③ 仔细阅读设备和使用工具说明书，正确进行导线连接，按说明书的要求使用。

④ 需要移动设备时，必须先切断电源。

⑤ 打扫、擦拭电气设备时，严禁用湿布。

⑥ 手上有水时，避免操作电气设备插头或触摸危险位置。

⑦ 如果电路中发生短路或意外火灾，在进行灭火步骤之前首先应关掉开关，然后向管理员报告不正确的布线和电气设备安装。

⑧ 有任何熔断器熔断都要向上级汇报，因为熔断器熔断说明有某种电气故障，如图 1-1-4 所示。

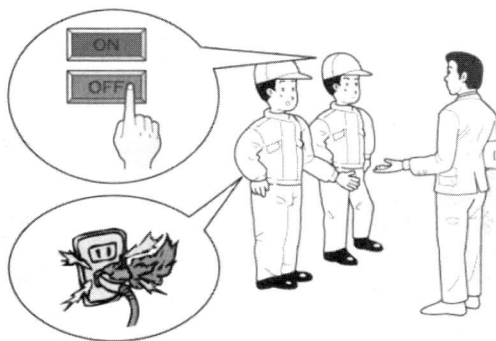

图 1-1-4 向上级汇报情况

2. 个人安全防护

（1）工装

① 操作人员作业时必须正确穿着规定的防护衣服并佩戴护具。

② 不穿易被机器卷入的服装。操作机器时，袖口必须扎紧。

③ 穿着便于行动的服装。

④ 从事特殊作业的人员必须穿着特殊作业防护服。

（2）手套

实际工作中的大部分操作都是由双手完成的，这就决定了手会经常处在危险之中。为避免手部受伤，应佩戴相应的防护手套。

① 线手套：具有保护手和手腕的功能，操作人员工作时一般都使用这类手套，如图 1-1-5（a）所示。

② 带电作业用绝缘手套：要根据电压选择适当的手套，检查表面有无裂痕、发黏和发脆等缺陷，如有异常禁止使用，如图 1-1-5（b）所示。

③ 耐酸、耐碱手套：主要在接触酸和碱等化学溶剂时佩戴，防止手被溶剂烧伤，如图 1-1-5（c）所示。

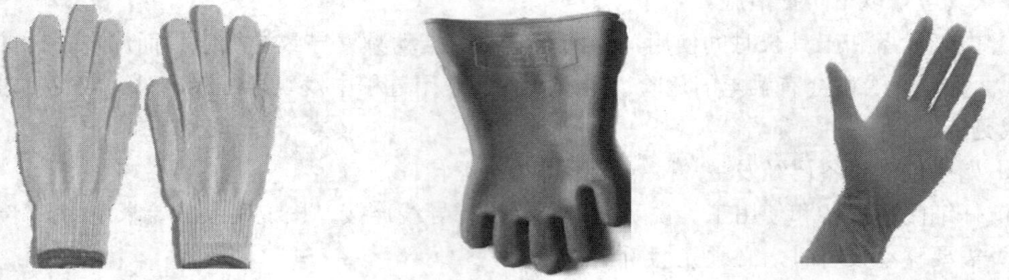

（a）线手套　　　　　　　（b）带电作业用绝缘手套　　　　　　　（c）耐酸、耐碱手套

图 1-1-5　手套种类

（3）工作鞋

进入工作区域前，必须穿防滑工作鞋，如图 1-1-6（a）所示。禁止穿拖鞋、凉鞋和高跟鞋等。在有重物落下或有腐蚀性液体飞溅时，必须穿绝缘工作鞋，使脚得到保护，以免受到伤害；在进行新能源车辆相关操作时，也必须穿绝缘工作鞋，如图 1-1-6（b）所示，预防触电事故的发生。

（a）防滑工作鞋　　　　　　　　　　　　　　　（b）绝缘工作鞋

图 1-1-6　工作鞋

（4）其他

① 在车间工作时禁止吸烟，以防点燃易燃易爆的物品。

② 搬运重物是我们在工作和生活中经常会遇到的，因此掌握重物搬运的正确方法是很重要的。物品的搬运需要在自己的能力范围内进行，如果遇到超出自身能力范围的物品，应找人帮忙或借助搬运车等器具。

3. 车间消防安全

燃烧的3个基本要素是着火温度、可燃物和助燃物。在3个要素都满足要求的情况下，物体才会燃烧。只要这3个要素中有一个要素缺失，就能够熄灭火焰，防止火灾的发生。

（1）消防设施

① 在车间一般要配备水龙头、防火沙和灭火器等消防设施。

② 水基型灭火器可用于扑救固体、非水溶性液体初起的火灾，也可扑救电气火灾，因此车间应配备足量的水基型灭火器，并确保灭火器性能完好，车间人员应熟悉并掌握其使用方法。

（2）灭火器存放注意事项

① 定期重新加注灭火剂。

② 灭火器要摆放在车间的固定位置，并设有明显的标志。

（3）灭火器的选择

① 扑救固体燃烧的火灾：选用水基型、泡沫、干粉和二氧化碳等类型的灭火器。

② 扑救液体火灾或可融化固体物质的火灾：选用干粉、泡沫和二氧化碳等类型的灭火器。

注意：泡沫灭火器不能扑灭极性溶剂（如：甲醇、乙醚）火灾。

③ 扑救气体燃烧的火灾：选用干粉和二氧化碳等类型的灭火器。

④ 扑救金属燃烧的火灾：国内尚未定型生产专用的灭火器和灭火剂，可采用干砂或铸铁屑末灭火；国外用粉装石墨灭火器和灭金属火灾专用的干粉灭火器。

⑤ 扑救电气设备及附件燃烧的火灾：选用二氧化碳和干粉等类型的灭火器。

（4）不能用水扑灭的火灾

① 密度小于水或不溶于水的易燃液体（如汽油、煤油、柴油、苯类、醇类、醚类、酯类等）的火灾。

② 遇水会产生燃烧物的火灾，如钾、钠、碳化钙等，可用沙土灭火。

③ 硫酸、盐酸的火灾。

④ 电气火灾中未切断电源前不能用水扑救。因为水是良导体，容易造成人员触电。

⑤ 高温状态下化工设备的火灾不能用水扑救。因为高温设备遇冷水后骤冷，易形变或爆裂。

4. 车间废弃物的处理

汽车维修车间里的危险废弃物包括一些化学品或车间里不再需要的零部件和辅料。如果将这些废弃物丢弃于普通的垃圾箱或下水道里，会对环境或人体产生危害。对于一种材料来说，只有在车间已经使用完后准备丢弃时，才认为是危险废弃物。处理任何一种危险废弃物时，都一定要穿上合适的工作服。

（1）危险废弃物的特征

危险废弃物具有以下特征：化学活性、腐蚀性、毒性和可燃性等。

① 化学活性：材料能够与水或其他活性物质发生剧烈反应的性能称为化学活性。

② 腐蚀性：材料会烧伤皮肤或溶解金属或其他材料的性能称为腐蚀性。

③ 毒性：如果材料的有害重金属浓度大于其在标准饮用水中浓度的 100 倍，则认为这

种材料是有毒性的。

④ 可燃性：材料易燃的性能称为可燃性。

（2）常见的危险材料

① 喷漆和车身修理产生的废弃物。

② 清洗零件和设备的溶剂。

③ 蓄电池和蓄电池酸性溶液。

④ 用于清洗金属和预备喷涂表面的弱酸。

⑤ 从车辆发动机、手动变速器中放出的废机油，发动机冷却液，手动变速器油等。

⑥ 空调制冷剂。

⑦ 机油滤清器。

⑧ 含钠的排气门。

⑨ 气囊。

（3）危险废弃物的处理

任何情况下，都不要使用下列方式来处理危险废弃物。

① 将危险废弃物倒在草地上。

② 将危险废弃物倒在铺满沙砾的街道上。

③ 将危险废弃物扔到垃圾桶里。

④ 在许可的处理厂以外的地方处理危险废弃物。

⑤ 将危险废弃物倒在下水道、洗手间、水池或地面排水管里。

⑥ 将危险废弃物直接埋入地下。

| 任务 1.2　选择和使用维修工具 |

1.2.1　任务信息

<table>
<tr><td colspan="5" align="center">任务 1.2　选择和使用维修工具</td></tr>
<tr><td align="center">姓名</td><td></td><td align="center">班级</td><td></td></tr>
<tr><td align="center">学时</td><td></td><td align="center">日期</td><td></td></tr>
<tr><td align="center">成绩</td><td></td><td align="center">教师签名</td><td></td></tr>
<tr><td align="center">案例导入</td><td colspan="4">小李的卡车行驶了一定里程后开到了维修站进行保养。你作为一名维修技师，在对车辆进行保养前，需要了解保养或维修所需要的工具</td></tr>
<tr><td rowspan="3" align="center">任务目标</td><td align="center">知识</td><td colspan="3">1. 了解维修工具的种类；
2. 掌握维修工具的使用方法；
3. 掌握量具的测量要领及正确读数方法</td></tr>
<tr><td align="center">技能</td><td colspan="3">1. 能够正确地使用精密量具；
2. 能够正确地使用维修工具</td></tr>
<tr><td align="center">素养</td><td colspan="3">1. 具有规范使用工量具的能力；
2. 具有工具使用风险防控的能力</td></tr>
</table>

1.2.2　任务准备

1．工具车（含扭矩扳手、千分尺、游标卡尺等）4台、螺母4个、缸筒4个、量缸表4个、数字万用表4块、钳形电流表4块、轮胎气压表4个、转向助力油压表、低压油路压力表4个、转向系统压力表4个、空调冷媒压力表4个、

空调系统真空泵、四轮定位仪、蓄电池充电机、冷媒回收加注机、黄油枪、气动液压千斤顶、专业航吊设备、搬运叉车、车辆举升机、气动扳手、车架校正平台、压缩空气泵、骑马螺栓拆装机、冷铆液压机、轮胎拆装机、轮胎平衡机、焊接作业工具、整车1台。

2．媒体资源、文档资源。

1.2.3　任务实施

说明：请查阅媒体资源、"参考信息"、文档资源，完成以下工作任务。

一、精密量具的认知与操作

1．选择预置式扭矩扳手，观察其扭矩单位是什么。将预置式扭矩扳手分别调整到20N·m、50N·m的位置，并对车辆轮胎螺栓或其他螺栓进行紧固，感受并描述达到设定值时扳手的状态。用指针式扭矩扳手分别紧固到20N·m、50N·m力矩时，感受并描述其状态。

_____

_____

2．选择游标卡尺，观察其上标注的精度是多少毫米。试着读出图中所示的测量值。

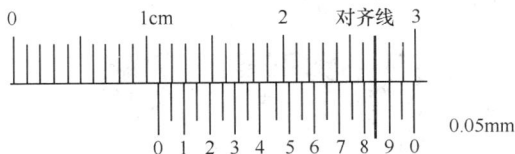

_____

3．选择千分尺，观察其上标注的精度是多少毫米。试着读出图中所示的测量值。

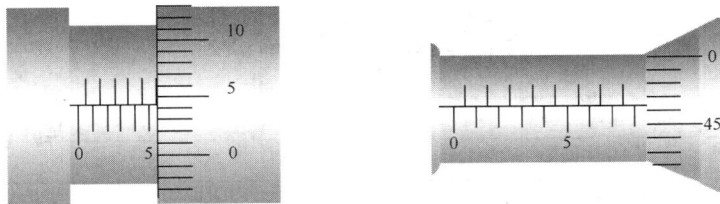

_____

4．选择量缸表，观察其百分表表面标注的精度是多少，该百分表最大量程是多少毫米。用手轻压百分表测头，测试其是否灵活。观察小指针位移1格是多少毫米，大指针1

圈共有多少小格，大指针位移 1 小格是多少毫米。总结小指针与大指针的关系。

_____

_____

5. 选择量缸表，对一个缸筒的内径进行测量。将百分表组装到百分表杆上的要领是什么？选择接杆的依据是什么？测量缸筒的内径是多少毫米，怎样确保测量的内径是准确的？

_____

_____

_____

二、电气检查表及压力表的认知与操作

1. 选择数字万用表，测量蓄电池电压、220V 交流插座的电压和导线的电阻，记录表笔插孔选择位置与表的功能旋钮位置。

_____

_____

2. 选择数字钳形电流表，观察其钳口处的正负极负荷。对汽车某个线路的电流进行测量，记录操作要领。

_____

_____

3. 选择气压表，观察气压表的表盘，其共有几种刻度单位？其最大量程分别是多少？分别在表盘上画出 1.5kgf/cm²、1.3bar 和 320psi 的位置。

_____

_____

4. 选择转向助力油压表，观察油压表的表盘，其总共有几种刻度单位？其最大量程是多少？观察表的两头及手柄位置。

_____

_____

5．选择低压油路压力表，观察它的表盘，其总共有几种刻度单位？其最大量程是多少？观察表与盒内连接的管路的样式。

_____

_____

6．选择空调冷媒压力表，分别观察低压表盘和高压表盘，其总共有几种刻度单位？其最大量程是多少？观察与车辆空调管路连接的接头结构，其中心顶针的作用是什么？中心顶针的高度是否能够调整？如果中心的顶针偏低，从测量空调压力值来考虑，会造成什么后果？连接空调冷媒压力表到汽车空调系统，在发动机不运行的情况下，测量其低压和高压压力分别是多少。

_____

_____

_____

7．开展组内自评与组间互评。

评价记录：_____

_____

8．现场整理清单

序号	实施项目	维护方法	判断标准	是否合格
1	照明灯	目测/实施	不用时及时关闭	
2	座椅	目测/实施	一桌两椅，靠桌收拢	
3	窗户	目测/实施	干净无灰尘，人走窗户关闭	
4	窗台	目测/实施	干净无灰尘，无杂物	
5	遮阳帘	目测/实施	同一面上、下沿对齐	
6	地面	目测/实施	无垃圾、污渍	
7	车辆	目测/实施	停放整齐，驻车制动器拉起	
8	工具设备	目测/实施	摆放整齐，归位复原	

1.2.4　参考信息

1．工具的正确选用

"工欲善其事，必先利其器"车间技术人员必须掌握车间常用工具使用的基本原则，学习每件工具的功能和正确用法，如果用于规定之外的用途，则会造成工具、零件损坏，还会降低工作质量。每件工具都有规定的操作程序，要确保在工作部件上正确使用工具，用在工具上的力要适当，工作姿势要正确。根据工具的使用频率结合工具自身特点进行定位摆放。工具使用后应立即清洗并在需要的位置涂油润滑。

（1）正确地选择工具

在汽车维修中，技师应根据工作的具体需要正确选择工具，以提高作业效率。例如，扳手工具选择的顺序为：优先选择套筒扳手，其次选择梅花扳手，最后选择开口扳手。

① 根据工作进行的速度选择工具。例如，套筒扳手的优点在于它能旋转螺栓/螺母而不需要重新调整，这就可以迅速转动螺栓/螺母。套筒扳手可以根据所装的手柄以各种方式工作，如图1-2-1所示。

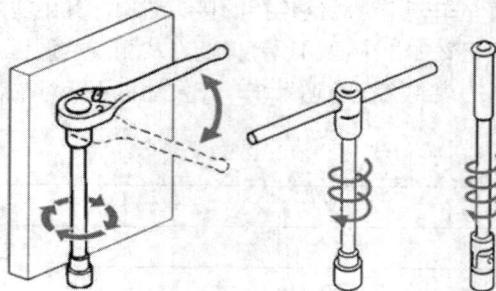

图 1-2-1　不同手柄形式的套筒扳手

② 根据旋转扭矩的大小选用工具。如果最后拧紧或开始拧松螺栓/螺母需要大扭矩，那么使用允许施加大力的扳手，如图1-2-2所示。

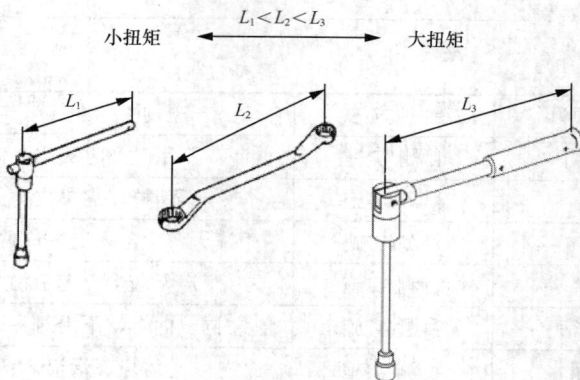

图 1-2-2　不同扭矩的扳手选择

（2）工具使用注意事项

① 工具大小要合适。使用工具时，要确保工具的直径与螺栓/螺母的头部大小合适，以使工具与螺栓/螺母完全配合，如图1-2-3所示；否则，可能使螺栓/螺母滑丝，或者损坏工具。

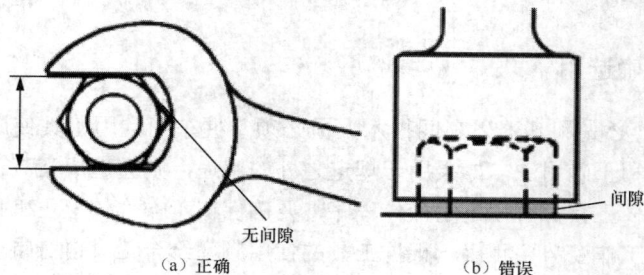

（a）正确　　　　　　　　（b）错误

图 1-2-3　工具大小选择

② 用力强度。使用扳手时，用力强度要适中，尽量用手拉动扳手手柄，以免受伤。如果由于空间限制无法拉动工具，建议用手掌推（见图1-2-4），并且要注意控制力度，以免螺栓突然松动造成用力冲击，导致受伤。

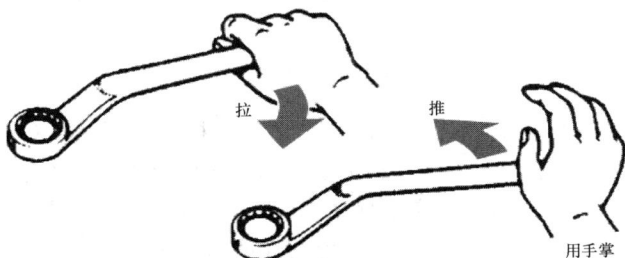

图 1-2-4　扳手推拉使用

③ 增加力矩。已经拧得很紧的螺栓/螺母可以通过施加冲击力的方式轻松松开，但是不能使用锤子和管子（用来加长轴）来增加扭矩。图1-2-5所示为错误加力方式。

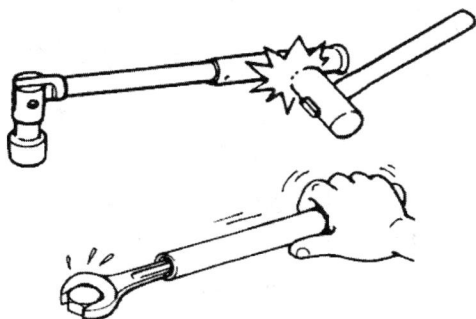

图 1-2-5　扳手使用错误示范

④ 拧到规定扭矩。使用扳手对螺栓/螺母进行拧紧时，最后需要使用扭矩扳手夹完成，以便将其扭矩拧紧到规定标准值，如图1-2-6所示。

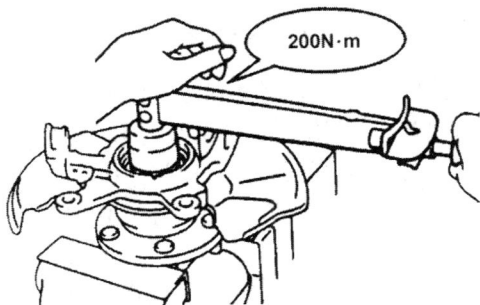

图 1-2-6　拧到扭矩规定标准值

2. 常用工量具

（1）扳手

在实际维修过程中，由于空间有限等原因，有时无法使用套筒扳手组件进行维修作业，因此根据实际情况可以使用扳手进行维修作业。常用扳手有梅花扳手、开口扳手和活动扳手。

① 开口扳手（见图 1-2-7）。其一般用在不能用成套套筒扳手组件或梅花扳手拆装螺栓/螺母的区域。

图 1-2-7　开口扳手

使用开口扳手时，开口扳手的钳口以一定角度与手柄相连，这意味着通过翻转开口扳手，可在有限空间中进一步旋转，并且可以根据螺栓的旋转角度灵活调整开口扳手的正反转，以更加方便地拧动螺栓/螺母。为防止零件相对转动，可用两个开口扳手配合操作，如在拧松一根燃油管时，可用两个开口扳手去拧松一个螺母，即一个扳手固定一端螺母，另一个扳手转动另一端螺母。开口扳手使用示范如图 1-2-8 所示。

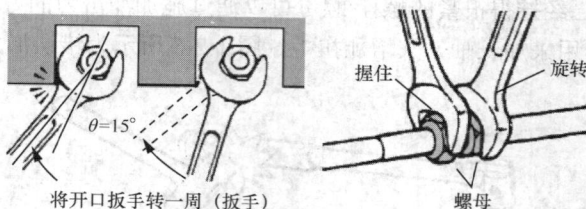

握住　　旋转

$\theta = 15°$

将开口扳手转一周（扳手）　　螺母

图 1-2-8　开口扳手使用示范

扳手不能提供较大扭矩，所以扭矩需求较大的螺栓/螺母，不适合使用开口扳手作为最终拧紧的工具。可以考虑使用套筒扳手或者梅花扳手。需特别注意的是，不能在扳手手柄上接套管，因为这会造成超大扭矩，损坏螺栓或开口扳手。

② 梅花扳手（见图 1-2-9）。在补充拧紧和类似操作中，可以使用梅花扳手对螺栓/螺母施加大扭矩。梅花扳手有各种大小，使用时要选择与螺栓/螺母大小对应的规格。

图 1-2-9　梅花扳手

因为梅花扳手的钳口是双六角形的，可以容易地装配螺栓/螺母，因此可以在一个有限空间内重新安装。由于螺栓/螺母的六角形表面被包住，因此没有损坏螺栓角的危险，可施加大扭矩。由于梅花扳手多是弯头的，从侧面看其手柄部分和旋转螺栓的部分是错开的，因此可用于在凹进空间里或在平面上旋转螺栓/螺母，如图 1-2-10 所示。

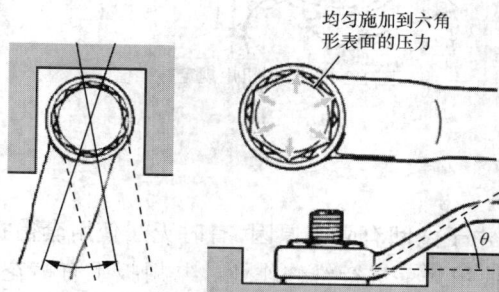

均匀施加到六角形表面的压力

θ

图 1-2-10　梅花扳手的使用示范

③ 活动扳手。活动扳手也称为活口扳手，适用于尺寸不规则的螺栓/螺母，也可以使用活动扳手压紧专用维修工具，以做相应的操作。旋转活动扳手的调节螺杆可以改变口径，所以一个活动扳手可代替多个开口扳手，如图 1-2-11 所示。

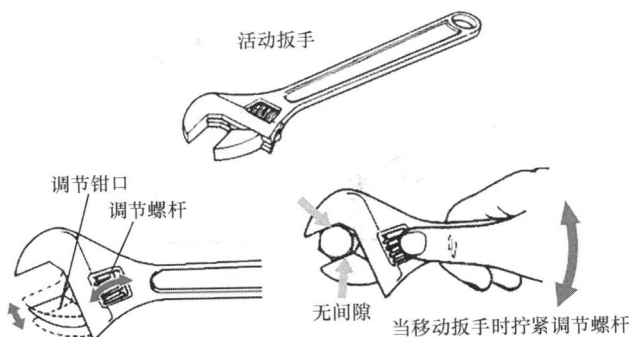

活动扳手

调节钳口
调节螺杆

无间隙
当移动扳手时拧紧调节螺杆

图 1-2-11　活动扳手使用示范

转动活动扳手的调节螺杆时，其口径应与螺栓头部或螺母尺寸配合完好。活动扳手不适于施加大扭矩。

（2）套筒扳手组件

使用套筒扳手作业时，一般选择与其配套的工具，包括套筒、万向节、加长杆及棘轮扳手等。我们习惯上将这些工具合称为套筒扳手组件。

① 套筒类型。螺栓/螺母根据工作状态装上不同手柄和套筒后可以很轻松地拆下并更换。套筒根据尺寸大小不同可分为大套筒和小套筒；根据套筒深度不同可分为标准型套筒和深型套筒；根据钳口类型不同可分为双六角套筒和六角套筒，如图 1-2-12 所示。

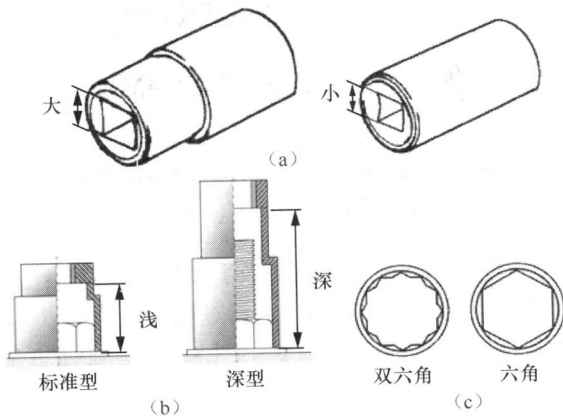

大
小
（a）

浅
深
标准型
深型
（b）

双六角
六角
（c）

图 1-2-12　套筒类型

② 火花塞扳手。火花塞扳手由 T 形手柄与火花塞专用套筒连接构成，专用于拆卸及更换火花塞，如图 1-2-13 所示。还有一种火花塞专用套筒内装有一块磁铁，以吸住火花塞，使拆卸和安装更加便捷。

在使用火花塞扳手进行拆卸之前先检查套筒内橡胶是否损坏或老化，防止拆卸过程中火花塞掉落。为确保火花塞正确地插入，要用手小心地旋转火花塞扳手，如图 1-2-14 和图 1-2-15 所示。

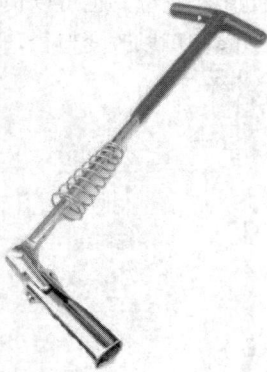

图 1-2-13　火花塞扳手

图 1-2-14　火花塞扳手

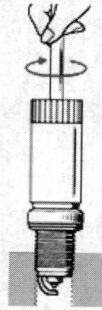

图 1-2-15　火花塞扳手正确使用

（3）扭矩扳手

扭矩扳手主要应用于规定力矩值的螺栓和螺母的装配，如底盘、气缸盖、连杆、曲轴主轴承等处的螺栓。常用的扭矩扳手有预置机械式扭矩扳手、预置电子式扭矩扳手和指针式扭矩扳手。

① 预置机械式扭矩扳手。预置机械式扭矩扳手（见图 1-2-16）可通过旋转手柄，预先调整设定扭矩，达到设定扭矩时，该扳手会发出"咔嗒"警告声以提示用户。听到"咔嗒"声后，应立即停止旋转以保证扭矩正确。当扳手设在较低扭矩值时，警告声可能很小，应特别注意。

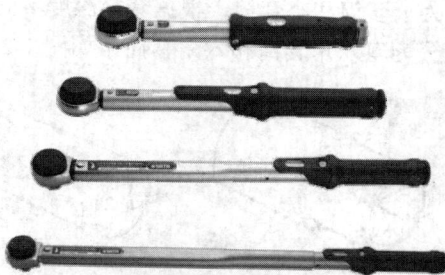

图 1-2-16　预置机械式扭矩扳手

② 预置电子式扭矩扳手。预置电子式扭矩扳手又称为数显式扭矩扳手，如图 1-2-17 所示。它是通过按键来预设扭矩值的。扭矩值可以通过数字显示窗口显示。当螺栓拧紧至预设的扭矩时，会听到蜂鸣提示音。

图 1-2-17　预置电子式扭矩扳手

③ 指针式扭矩扳手。指针式扭矩扳手的结构相对比较简单,有一个刻度盘,如图 1-2-18
所示。当紧固螺栓时,扭矩扳手的杆身在力的作用下发生弯曲,这样就可以通过指针的偏转
角度大小来表示螺栓/螺母的旋转程度。其扭矩值可通过刻度盘读出。

图 1-2-18　指针式扭矩扳手

（4）内六角扳手

在拆装内六角螺栓时需要使用相应的内六角扳手。应根据螺栓的大小选择合适的内六角扳手
规格,如图 1-2-19 所示。在拆装时,扳手要深入到六角螺栓拆装面底部,否则容易损坏螺栓。

图 1-2-19　内六角扳手

（5）内六花扳手

有些螺栓需要使用内六花扳手拆卸。应根据螺栓大小选择合适的内六花扳手规格,如
图 1-2-20 所示。需要特别注意的是,拆装时,扳手要深入到六花螺栓拆装面底部,否则容易
损坏螺栓。

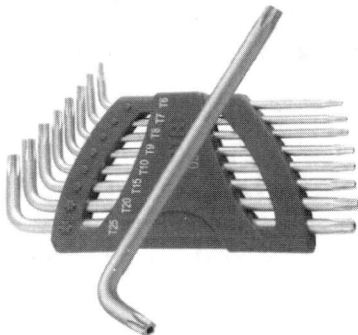

图 1-2-20　内六花扳手

（6）螺钉旋具

螺钉旋具也称为螺丝刀、改锥、起子,是汽车维修中常用的工具。其由头部、杆部和旋

柄组成，主要用于旋松、紧固或拆卸小扭矩、头部开有凹槽的螺栓和螺钉。

　　螺钉旋具的类型取决于其本身的结构及头部的形状。常用的螺钉旋具有一字螺钉旋具和十字螺钉旋具，其外形及操作规范如图 1-2-21 所示。一字螺钉旋具用于拆装单个槽头的螺钉，十字螺钉旋具用于拆装带十字槽头的螺钉。头部形状相同的螺钉旋具，尺寸也不完全一样，有大小长短之分，如图 1-2-22 所示。

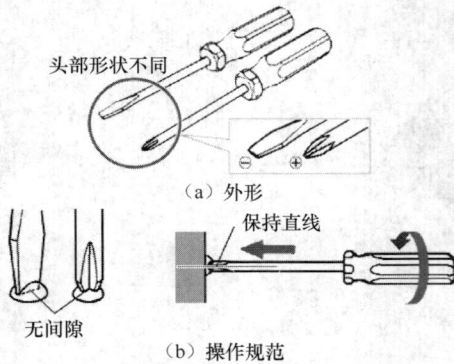

（a）外形

（b）操作规范

图 1-2-21　常用螺钉旋具

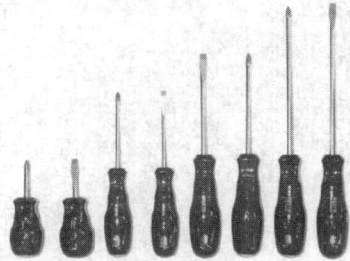

图 1-2-22　不一样尺寸的螺钉旋具

　　使用螺钉旋具时，需使螺钉旋具与螺钉尾端成直线，边用力边转动，如图 1-2-21（b）所示。切勿用鲤鱼钳或其他工具过度施加扭矩，这可能刮削螺钉的凹槽或损坏螺钉旋具尖头，如图 1-2-23 所示。

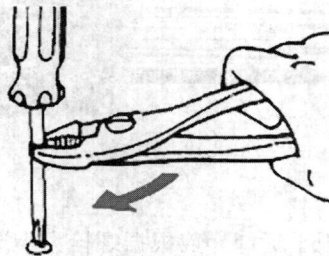

图 1-2-23　螺钉旋具错误使用示范

（7）锤子

　　锤子（见图 1-2-24）通常与铜棒和销冲头配合使用来完成作业。锤子、铜棒和销冲头被称为锤子组件。锤子是敲打物体使其移动或变形的工具，用来矫正或是将物件敲开。锤子的形式、大小不一。

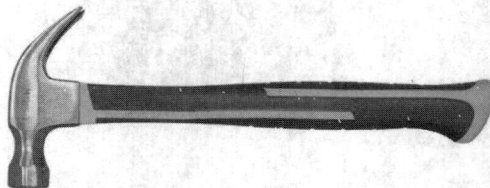

图 1-2-24　锤子

（8）螺纹修复工具

　　螺纹修复工具主要由板牙、丝锥和丝锥扳手组成，如图 1-2-25 所示，可以使用板牙螺母套件或单件专用组合工具来修复受损螺纹。

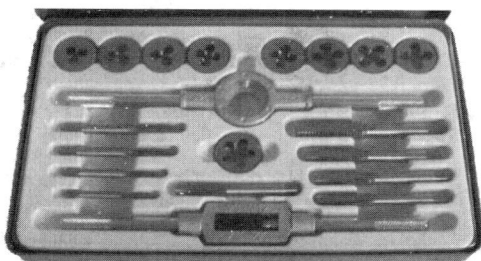

图 1-2-25 螺纹修复工具

① 板牙。板牙是修复螺栓用的工具，如图 1-2-26 所示。可根据螺栓的大小选择合适的板牙进行修复。需要注意的是，在修复螺栓时应将板牙的螺纹扣垂直于被修复的螺栓。

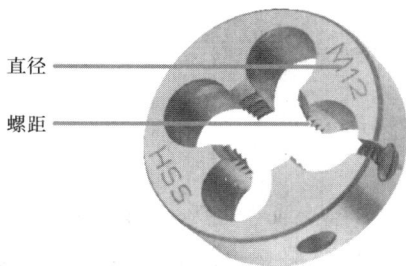

图 1-2-26 板牙

② 丝锥。修复螺母或螺孔时使用的工具是丝锥，如图 1-2-27 所示。可根据螺母或螺孔的大小选择合适的丝锥进行修复。需要注意的是，在修复时应将丝锥的螺纹扣垂直于被修复的螺母或螺孔。

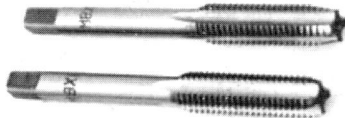

图 1-2-27 丝锥

③ 丝锥扳手。选择好板牙或者丝锥后要用板牙、丝锥扳手进行螺纹修复，如图 1-2-28 所示。需要注意的是，实施修复螺纹作业时，可以采用一进一退的方式进行，并适时地清理金属碎屑，防止损坏螺纹和螺纹修复工具。

图 1-2-28 丝锥扳手

（9）游标卡尺

游标卡尺可用于测量物体的深度、长度、外径和内径。根据游标卡尺的不同可分为标准型、刻度盘指示器型和数显型，如图 1-2-29 所示。

（a）标准型   （b）刻度盘指示器型   （c）数显型

图 1-2-29　游标卡尺

虽然游标卡尺有不同种类，但是它们的主要结构无明显差别。下面以标准型游标卡尺为例讲解游标尺寸的结构，如图 1-2-30 所示。

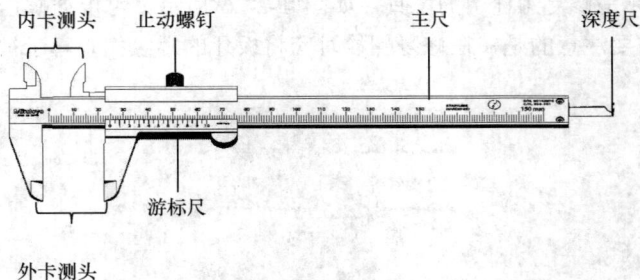

图 1-2-30　标准型游标卡尺结构

游标卡尺的读数部分由主尺和附在主尺上能滑动的游标尺两部分构成。游标卡尺的上部有一止动螺钉，可将游标尺固定在主尺上的任意位置。

主尺上带有固定的外卡测头和内卡测头，游标尺上有可移动的外卡测头和内卡测头。外卡测头通常用来测量物体的外径、长度等，而内卡测头通常用来测量物体的内径。在游标卡尺背面深度尺与游标尺相连，将深度尺插到需要测量的物体里，通过游标尺可读数得到物体的深度。使用游标卡尺测量的方法如图 1-2-31 所示。

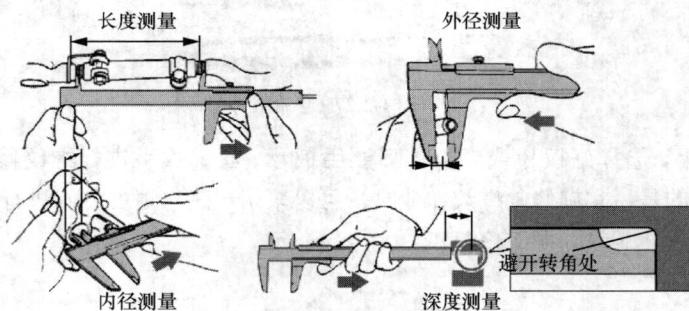

图 1-2-31　使用游标卡尺测量的方法

主尺按毫米分度，每格 1mm。游标尺的 1 个最小刻度为 0.05mm。主尺与游标尺刻线对齐处的读数为测量值。测量值=主尺尺寸+游标尺尺寸。如图 1-2-32 所示，主尺尺寸为 45mm，游标尺尺寸为 0.25mm，测量值为 45.25mm。

（10）外径千分尺

外径千分尺是精确的测量工具，可以对许多系统进行测量，包括制动系统、手动变速器及发动机等。

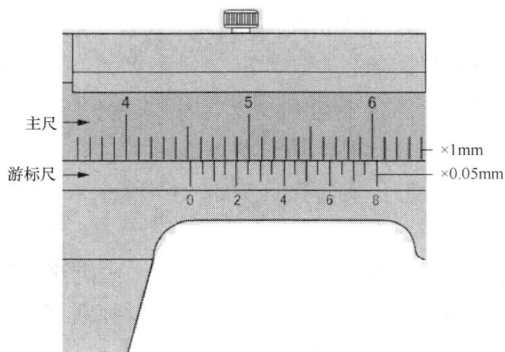

图 1-2-32　数据读取

① 外径千分尺的结构。外径千分尺是一个螺旋式量具，包括一个带测砧的尺架和一个支撑测轴的螺纹活动套。转动活动套的滚花部分，可使测轴相对测砧接近或远离，如图 1-2-33 所示。外径千分尺主要用于测量物体的外径、长度和内径等，精度为 0.01mm（可以估读到 0.001mm）。

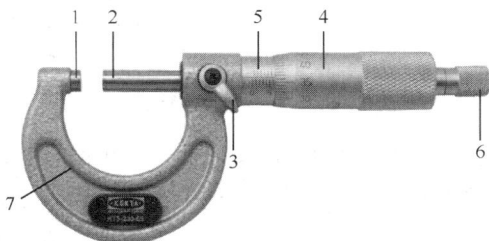

1—测砧；2—测轴；3—锁销；4—活动套；5—固定套筒；6—微调旋钮；7—尺架

图 1-2-33　外径千分尺结构

② 外径千分尺的规格。外径千分尺具有几种规格，应根据被测量部件的大小选取合适的规格。其规格大致分为 0～25mm、25～50mm、50～75mm 和 75～100mm 等几种，如图 1-2-34 所示。

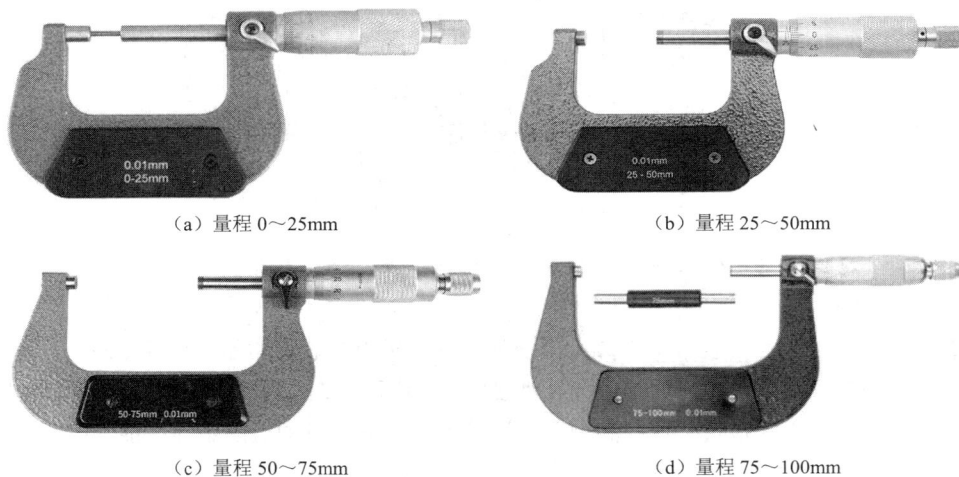

（a）量程 0～25mm　　　　　　　　　　　　（b）量程 25～50mm

（c）量程 50～75mm　　　　　　　　　　　　（d）量程 75～100mm

图 1-2-34　外径千分尺的规格

③ 外径千分尺的测量，如图 1-2-35 所示。

第一步，测量前清洁测量处表面。

第二步，测砧与被测物接触固定不动。

第三步，测轴与被测物距离较远时，通过快速旋转活动套来接近被测物。

第四步，测轴与被测物接近时，旋转微调旋钮，听到 3 声"咔咔"（棘轮声）后，停止旋转微调旋钮。

为了保证测量尺寸的精度，应保证测量处"最短"，固定测砧侧不动，小范围摆动测轴侧，继续旋转微调旋钮，直到听到"咔咔"声打滑为止，锁紧活动套。

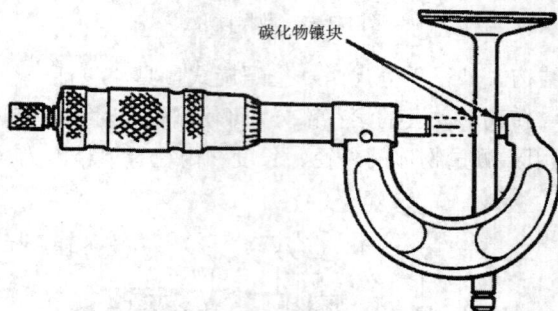

图 1-2-35　外径千分尺测量方法

④ 外径千分尺的读数。主尺 1 格为 1mm，主尺在 1 格中间有 1 条等分线，半格为 0.5mm。活动套转动 1 圈，轴向位移 0.5mm，活动套均分 50 等份，活动套 1 格为 0.01mm。测量值=主尺尺寸+半格尺寸+活动套尺寸。以图 1-2-36 为例，读数为：55mm+0.5mm+0.450mm=55.950mm。

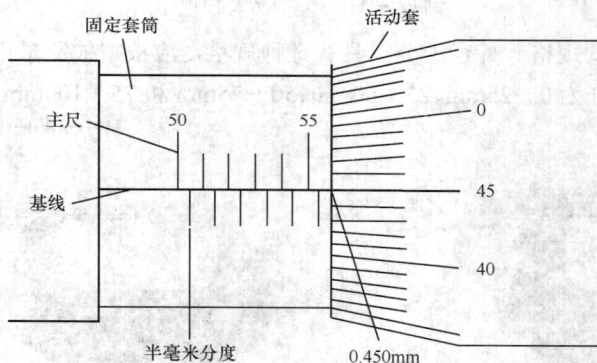

图 1-2-36　外径千分尺读数

注意：外径千分尺通常需要一位估计值，估计值也记为测量值。

（11）量缸表

量缸表又称内径百分表，与千分尺组合使用，这类百分表通常精确到 0.01mm。量缸表的基本用途是精确测量缸孔的磨损程度及锥度，还可用于测量活塞销孔及其他类似孔的内径。此外，量缸表还可用于检查圆柱度和圆度。这些尺寸规格对发动机的整体性能具有相当大的影响，因此，必须精确地规定其维修值。

① 量缸表的结构。量缸表由百分表、表杆、接杆、紧固螺钉和测头组成，如图 1-2-37

所示。测头的伸缩带动百分表指针旋转，可用百分表读出伸缩数值。

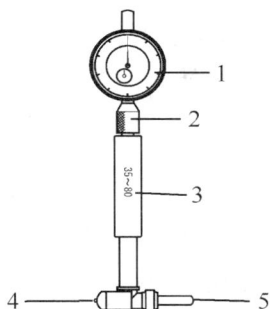

1—百分表；2—紧固螺钉；3—表杆；4—测头；5—接杆

图 1-2-37　量缸表结构

② 量缸表归零，如图 1-2-38 所示。

第一步，按被测气缸的标准尺寸选择合适的接杆，装上后，暂不拧紧固定螺母。

第二步，把外径千分尺调到被测气缸的标准尺寸，将装好的量缸表放入千分尺。

第三步，稍微旋动接杆，使量缸表指针转动约 2mm 至指针对准刻度零处，扭紧接杆的固定螺母。借助其他量具初步测量尺寸并标注尺寸，然后选择合适的接杆。

第四步，安装百分表，表指针预压至零位。

第五步，将外径千分尺设定到一个值。

第六步，将量缸表测量端放到外径千分尺的测砧和测轴之间，微调接杆，使其预压约 2mm，百分表大指针归零（同时观察小指针，其应该约在 2mm 位置）。

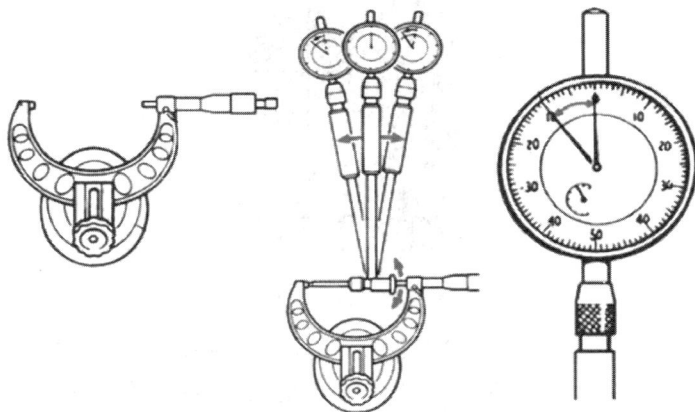

图 1-2-38　量缸表归零

③ 测量。将量缸表放入被测量处，量缸表测头在测量处固定不动，通过摆动表杆，使得接杆活动。当百分表大指针开始逆时针回摆时，得到的测量值就是其孔径或长度，如图 1-2-39 所示。

测量尺寸=外径千分尺尺寸+百分表小指针零位时差值+百分表大指针零位时左、右偏差尺寸（零位左侧是正，右侧是负）。

注意此时观察小指针是否接近 2mm 位置处，如果差距大于 1mm，需要加入小指针偏差尺寸。

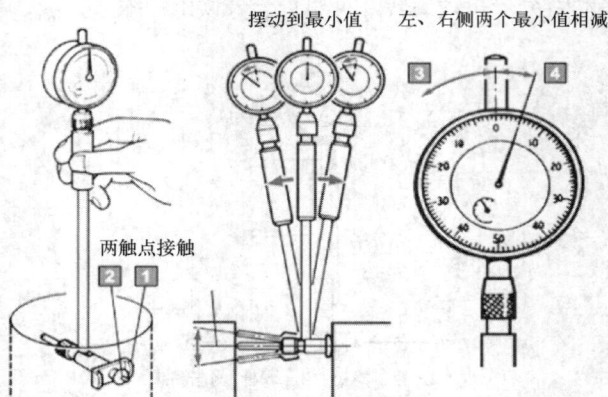

摆动到最小值   左、右侧两个最小值相减

两触点接触

图 1-2-39　测量示意图

（12）数字万用表

在汽车电子技术得到普遍应用以后，如果没有特殊提示，汽车电路几乎都要求使用数字万用表进行测量，如图 1-2-40 所示。其测量主要包括以下几个部分：电阻的测量、电压的测量、电流的测量和通断性测量。

图 1-2-40　数字万用表

① 电阻挡。电阻挡可用来测量线路通断，负载的电阻值，传感器的电阻值，线圈、继电器、喷油嘴等器件的电阻值。通常在电路断开的情况下测量电阻，不能在电路中测量，更不允许通电测量。

② 电压挡。电压挡可用来测量线路电源电压、电压降，测量时要选择交流电压挡或直流电压挡，如果不知道所测电压的高低时应由高压向低压选择。

③ 电流挡。电流挡通常用来测量异常耗电、漏电等，需要将数字万用表串联到电路中进行测量。使用电流挡时要注意以下几个方面：一是数字万用表的量程，在不知道被测电路的电流大小时，通常先使用大电流挡位测量，再根据测量值选择适合的挡位精确测量；二是注意测量表笔应串联在电路中，正表笔接电流流入端，负表笔接电流输出端；三是当转换数字万用表量程时，注意数字万用表的红色表笔也要转换接口。

（13）钳形电流表

通常用普通电流表测量电流时，需要将电路切断后才能将电流表接入进行测量，此操作过程较为烦琐，有时正常运行的电动机不允许这样做。此时，使用钳形电流表（见图 1-2-41），可以在不切断电路的情况下感应式测量线路电流，测量精度通常在 100mA。

① 使用方法。

a．打开钳形电流表开关。

b．测量前进行归零。

c．被测导线应位于钳形电流表的钳口中央。

d．读取电流数值。

② 注意事项。

a．注意钳形电流表有方向性，钳体上标有"+"的要朝向电流流进方向。

b．注意挡位优先选择最大量程，如果数据偏小，则逐渐降低挡位。

图 1-2-41　钳形电流表

（14）免破线电路检测仪、无损测试夹

在某些特定环境下无法找到被测点而必须破开电线外皮对信号进行测试时，可以利用图 1-2-42 所示的工具，微孔刺穿导线绝缘层，直接接触内部金属导线。其使用简单、安全、快速，可直接与普通万用表/示波器等配合使用，减小对线束绝缘层的损坏。

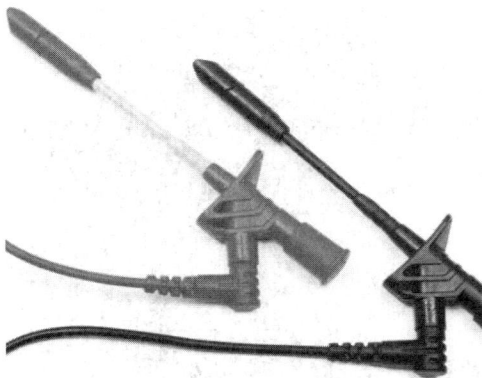

图 1-2-42　免破线电路检测仪、无损测试夹

使用时按压测试工具尾部按钮，把待测电缆（外径 2.5mm 以下）放入该工具口内。松开按钮，测试工具内极细探针就能刺破电缆外皮直接和内导体接触。其独特的 V 形线槽设计，可确保刺线位置为电缆正中间，有效避免刺偏，效率极高。

（15）轮胎气压表

将轮胎气压表（见图1-2-43）测量端槽口与轮胎气门嘴对正压紧，这时轮胎气压表指针发生偏转，其指示值即为该轮胎的充气压力，或者轮胎气压表的标杆在气压作用下被推出，这时标杆上所显示的数值即为该轮胎的充气压力。

轮胎气压表的读数刻度采用分层设计，不同层的测量单位不同，读数时要注意单位。气压表上也有 3～5 种标示单位，如 kgf/cm^2、bar、psi 和 kPa，它们之间的换算关系是：$1bar=1.02kgf/cm^2=100kPa=14.5psi$。

图1-2-43　轮胎气压表

（16）发动机低压油路压力表

发动机低压油路压力表用于测量发动机机油压力、手动变速器机油压力和柴油机低压系统压力等，如图1-2-44所示。其依据测量对象，采用串联或并联的方式对系统液体压力进行测试。具体测量要求及注意事项，请查询相应的维修手册。选择压力表时，注意其最大量程是否满足被测量对象系统的最大压力，读数时要注意单位。

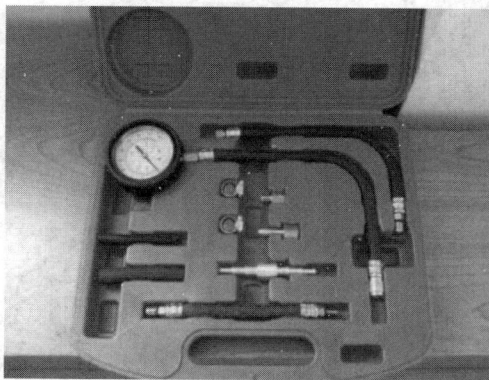

图1-2-44　发动机低压油路压力表

（17）空调冷媒压力表

空调冷媒压力表（见图1-2-45）作为汽车空调冷媒压力的检测工具，有很多种规格。其红色表头为高压侧压力表，红色管路连接空调高压管路；蓝色表头为低压侧压力表，蓝色管路连接空调低压管路。表盘采用分层结构，不同层的单位有所不同，读数时要注意单位。连接或断开接头时，要防止冷媒进入眼睛，并对手部进行防护以防冻伤。空调系统中的正常压力为 0.1～2.5MPa。

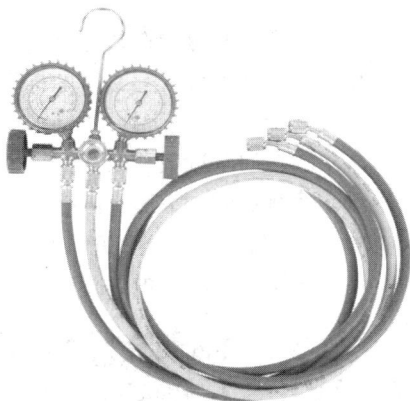

图 1-2-45　空调冷媒压力表

（18）空调系统真空泵

空调系统真空泵（见图 1-2-46）的主要作用是将空调管路内部抽成真空状态，同时起到除湿的作用。空调系统真空泵通常由 220V 交流电源供电。其与空调压力表中间的黄色管路连接，配合完成空调系统抽真空。

图 1-2-46　空调系统真空泵

（19）四轮定位仪

四轮定位仪作用是测量车辆轮胎、主销、前束等的角度。通过安装在车轮上的测试头，依据重力感应原理或光学原理来测量角度，信息传输给主机，主机计算并显示出测量角度，如图 1-2-47 所示。

图 1-2-47　四轮定位仪

四轮定位仪有前束尺和光学水准定位仪、拉线定位仪、CCD定位仪、激光定位仪和三维影像定位仪等几种，其中三维影像定位仪、CCD定位仪和激光定位仪是目前市场上的三大主流产品。

大车车轮定位仪（见图1-2-48）以数据盒测量车轮外倾角，以数据盒配转盘测量主销后倾角和主销内倾角，以激光器及特制的有效放大尺寸刻度的标杆及标尺来测量车轮前束（或负前束）及前后车之间的几何关系。其中车轮外倾角、主销内倾角和主销后倾角的读数分辨率为 $6'$ ，测量误差不大于 $\pm 3'$ ，车轮转向角读数分辨率为 $6'$ ，测量误差也不大于 $\pm 6'$ ，而前束是运用射线放大原理通过激光器测量的，故测量准确，从而为车轮定位参数提供了可靠的测量手段，为车轮特别是转向轮的正确定位提供了可靠的依据。又因该仪器不需要安装，占地面积小，携带方便，因此给使用者带来了极大的方便。

图1-2-48　大车车轮定位测量

（20）蓄电池充电机

蓄电池充电机集充电、放电、起动和快速充电为一体，一机多用，如图1-2-49所示。其可以激活电池极板失效的活性物质，延长电池的使用寿命；能够最大限度地加快蓄电池的化学反应速度，缩短蓄电池达到满充状态的时间，提高蓄电池的使用效率及寿命。

图1-2-49　蓄电池充电机

蓄电池充电机的使用注意事项如下所述。

① 蓄电池充电机正负极必须与蓄电池正负极对应，切记不可接反。

② 在电池充满的条件下，先断开输入交流电源，后断开蓄电池充电机与电池之间的连线。

③ 在无人看守或者长期不用的情况下，必须断开交流电源。

④ 充电过程中不要覆盖蓄电池充电机，使用环境温度不大于 40℃。

⑤ 充电电流选择要依据维修手册要求。

⑥ 给蓄电池充电时要确保通风。

⑦ 充电时要有人看守，防止出现火情。

（21）冷媒回收加注机

冷媒回收加注机是集回收、再生、抽真空、加注和检漏等多功能于一体的机器，如图 1-2-50 所示。

① 冷媒回收：依靠本机系统内部的压缩过滤装置把空调管路内的冷媒回收到工作罐内。

② 冷媒再生：可分离空调系统内的冷冻油和水分，达到再利用的标准，保证冷媒的相对纯净，从而使冷媒可循环使用。

③ 空调检漏：检测空调冷媒管路是否存在泄漏，确保冷媒管路密封良好。

④ 抽真空：给空调管路及设备管路抽真空。

⑤ 加注冷冻油：设定冷冻油量，向空调系统加入冷冻油。

⑥ 冷媒加注：设定加注冷媒量，向车辆加入相应量的同类型冷媒。

图 1-2-50　冷媒回收加注机

（22）黄油枪

黄油枪是一种给机械设备加注润滑脂的手动工具，如图 1-2-51 所示。它可以选装铁枪杆（铁枪头）或软管（平枪头）加油嘴。黄油预先装入油枪内，通过挤压，把黄油从黄油嘴挤进需要润滑的部位。

图 1-2-51　黄油枪

（23）气动液压千斤顶

气动液压千斤顶是以压缩气体作为动力，由液体增压与伸缩式液压缸组合而成的一种新型举升设备，如图 1-2-52 所示。它具有设计精巧、体积小、重量轻、易操作、省时、省力和举升吨位大等特点，广泛用于流动性起重，特别适用于汽车、拖拉机等交通运输业的修理作业。

气动液压千斤顶完全采用气动代替手动作业，手动实时控制，下降安全。设有安全保护机构，假设将外围所有气路、油路剪断，千斤顶也不会下降。气动液压千斤顶有最大举升重量限制，所以在使用时，预估重量不能大于其最大举升重量。

图 1-2-52　气动液压千斤顶

3. 重型工具设备

（1）专业航吊设备

使用专业航吊设备（见图 1-2-53）时请注意以下事项。

① 每台起重机必须在明显的地方挂上额定起重量的标牌。

② 工作中，桥架上不允许有人或用吊钩运送人。

③ 无操作证和酒后都不许驾驶起重机。

④ 操作人员在操作中必须精神集中，不许谈话、吸烟或做其他无关的事情。

⑤ 车上要清洁干净，不能乱放设备、工具、易燃易爆危险品等。

⑥ 起重机不允许超负荷使用。

⑦ 起重机在没有障碍物的线路上运行时，吊钩或吊具及被吊物底面必须离地面 2m 以上。如果需要越过障碍物，须高于障碍物 0.5m 以上。

⑧ 要定期做安全技术检查，做好预检预修工作。

图 1-2-53　专业航吊设备

下列情况或有下列物品时不许起吊：捆绑不牢；机件超负荷；信号不明；斜拉；埋或冻在地里的物件；被吊物件上有人；没有安全保护措施的易燃易爆危险品；过满的液体物品；钢丝绳不符合安全使用要求；升降机构有故障。

（2）搬运叉车

由于搬运叉车的功能和吨位不同，使用前的检查和注意事项应严格按照各类型使用说明书进行，如图 1-2-54 所示。

① 运行标准。

a．用左手握着转向盘手柄，右手轻轻搭在转向盘上并做好装卸的准备。

b．货叉离地面 15～30cm，门架后倾到位。

c．运行前环视叉车周围，检查周围有无行人，如有行人则按扬声器开关以作提醒。

d．叉车在厂区公路上的行驶速度不大于 10km/h，在厂房内行驶速度为 3～5km/h。

图 1-2-54　搬运叉车

② 注意事项。

a．严禁货叉或属具下站人或行走。

b．不允许使用无护顶架、挡货架的叉车。

c．货叉、托盘上不允许坐人，叉车驾驶室内不允许载除驾驶员之外的其他人。

d．经过培训并得到认可的操作人员才允许操作叉车。

e．从堆垛中取货物时，应正面进入该区域，并将货叉小心插入托盘。

f．严禁头、身体部位伸进门架与护顶架之间，一旦夹住会有生命危险。

g．保持头、手臂、腿等身体部位在驾驶室内，无论什么原因都不能伸出。

h．搬运有碍视线的超大货物时，须倒车行驶，若遇上坡，须有向导指导通过。

i．通过十字通道和其他视野不良路段时，必须减速，按扬声器开关，打开警示灯，行驶速度限定在车辆最大速度的 1/3。

j．叉车不论空载、负载行驶，货叉都需保持离地 15～30cm 的状态。带侧移器的叉车，货叉负载升高时不要做侧移操作，以免叉车失去平衡。

k．未经检查，严禁叉车上、下装货桥，若确有需要，必须检查货桥是否定位或系牢，严禁与货桥相连的运货工具移动（如货车厢），确认其驻车状况，货桥应承担叉车装货后的全部重量。

（3）车辆举升机

① 车辆举升机（见图 1-2-55）用前准备工作如下。

a．按说明书对有关部位进行日常检查。

b．检查液压油油箱的油位是否正常。

c．使用前必须进行空载试车，按下述程序进行。

Ⅰ．打开电源开关。

Ⅱ．按上升按钮，工作平台应能正常上升；松开上升按钮，工作平台应能可靠停止。

Ⅲ．平台上升到一定高度后停止，将工作平台挂钩挂上，此时每个挂钩必须能可靠地挂在立柱内的挂板上。

Ⅳ．转动换向阀供气时，4个挂钩应能完全脱离挂板。

Ⅴ．按下降按钮，工作平台应以正常速度下降；松开下降按钮，工作平台应能可靠停止。

Ⅵ．在上述过程中，机器应无异常噪声及其他不正常现象。

② 注意事项。

a．应设专人操作、保养、维修车辆举升机，禁止未阅读过说明书及无操作资格的人员擅自开动车辆举升机。

b．严禁超载运行。

c．工作平台升降过程中，任何人员不得滞留于工作平台上或工作平台下面。

d．禁止车辆举升机在故障情况下运行。

e．只有在确定每个安全挂钩挂上后，人员方可进入工作区。

f．车辆举升机不使用时应下降至最低位置，并切断电源。

g．应严格按说明书对机器进行保养及检修。

图 1-2-55　车辆举升机

（4）气动扳手

气动扳手也称大扭矩风炮（见图 1-2-56），是拆装螺栓/螺母的工具，一般用于拆装一些较大的螺栓。其主要优点是省力、高效，工作过程需要空压机输出的压缩空气作动力。

图 1-2-56　气动扳手（大扭矩风炮）

使用气动扳手时应注意以下事项。

① 使用前要进行检查，并由专人负责。

② 若有损坏或缺少零件时应及时进行修理，否则不能使用。

③ 套头未完全套住螺母时不允许打开开关。套头与风炮连接时必须有锁定装置，并确定安全可靠方可进行使用。

④ 清洗时，禁止开启风阀使风炮空转，否则会造成机件损坏。

⑤ 未经允许不得擅自使用气动扳手。

⑥ 气动扳手使用完毕后应拔下快速接头，清洗干净后妥善保管。

⑦ 有些气动工具提供输出扭矩选择，应注意选择合适的扭矩，避免损坏被操作的螺栓。

特别要注意，不带扭矩限制的气动扳手往往作为拆卸工具。拆装时，请先注意螺母与螺杆咬合是否正确，否则不能使用气动工具进行操作。

（5）车架校正平台

车架校正平台如图 1-2-57 所示。

① 进入工作区要穿戴好相关防护劳保用品，操作前要检查以下事项。

a. 检查工作环境是否整洁，平台及周边是否堆放了杂物；整理油、气管路，防止操作时挤压管路。

b. 检查油、气管路各接头是否连接好，管路是否有破损，如有破损应及时更换修复。

c. 检查塔柱滚动滑轮固定螺栓是否松动，如有松动必须及时拧紧，以免塔柱滑落造成人员、物品损伤。

② 上下车辆操作规程。

a. 车架校正平台升降时设备附件上严禁站人，上下车辆时必须有人在旁边指导，车辆应停靠在平台指定位置。

b. 车架校正平台升降时应操作平稳，车架校正平台的轮腿油缸无节流阀时，严禁全开油泵泄压阀。

c. 起降车架校正平台时，塔柱固定在车架校正平台另一端，防止滑动。

d. 车架校正平台活动支腿锁止销在平台升起后必须锁死。

图 1-2-57　车架校正平台

③ 车辆固定操作规程。

a. 夹具夹紧前检查钳口，应无油污、杂物。

b. 检查夹具各部位是否有变形、裂纹，如有必须更换，防止其受力断裂飞出伤人。

c. 主夹具固定螺栓、钳口紧固螺栓要拧紧。

④ 测量操作规程。

a. 量具应轻拿轻放，切勿碰撞，以防量具变形、损坏。

b. 测量读数时，眼睛要与读数部位在同一水平面上，减少读数误差。

c. 测量完毕，应马上将量具放回工具车原处。

d. 量具固定、连接螺栓松动后，重新拧紧时不要用力过大。

⑤ 拉伸操作规程。

a. 拉伸操作前，检查链条、钣金工具、拉环是否完整，没有破损、裂口、大划伤方可使用。

b. 拉伸时塔柱紧固螺栓要拧紧，导向环高度不能超过警戒红线。

c. 检查链条、锁紧机构，链条不能扭曲，所有链节在一条直线上；导向环手轮拧开。

d. 拉伸时注意拉伸力不要超过工具额定载荷。

e. 拉伸时不要敲击钣金工具及链条。

f. 拉伸时，相关人员不要与链条受力方向在同一条直线上。

g. 当拉伸力比较大时，应在拉力方向相反一侧用链条将车架固定在平台上。

车架校正平台使用完毕后，应清理场地；钣金工具、量具、夹具等物品要擦拭干净后整齐有序地放在工具车上。部件损坏、液压系统故障时，禁止自行打开维修，以免损坏或丢失配件，造成不可修复；禁止私自调整油泵溢流阀。

（6）压缩空气气源（见图 1-2-58）

为保证车间气泵室能够安全可靠地使用，需对中央气源进行制度化管理。管理范围为车间气泵室，车间气泵站由指定人员负责管理，安全员及车间领导负责监督检查。

图 1-2-58 压缩空气泵

具体制度如下。

① 管理员每天进行检查，确定中央气源的使用是否正常，不能影响正常生产使用，并及时记录设备日常开关机点检表，如发现异常情况要及时向领导汇报。

② 管理员必须按设备的正规流程操作，对设备要按时维护和保养。

③ 管理员每天下班时负责关闭机器设备，除管理员及车间负责人之外，其他人一律不能进入气泵房擅自操作开关。必要时，非工作人员必须有车间领导的签字，方可进入气泵房。

（7）骑马螺栓拆装机

重型卡车中的骑马螺栓主要用来稳定汽车底盘和车架，如钢板弹簧就是用骑马螺栓来固定的。在其拆卸过程中为保证安全，应使用专用工具——骑马螺栓拆装机，如图 1-2-59 所示。

图 1-2-59　骑马螺栓拆装机

其操作注意事项如下。

① 使用前应检查设备是否正常，应根据使用说明书的提示调整骑马螺母的拧紧力矩。

② 不可在湿滑地作业；严禁在套筒未套入螺母并施加压力前打开开关，注意开关正反。

③ 接通电源后，套筒对螺母应施加一定压力，以防套筒螺母甩出伤人，应注意观察拧紧情况，如有异常立即切断电源，严禁碾压电源电缆线。

（8）冷铆液压机

冷铆液压机（见图 1-2-60）用来进行冷铆车架。由于冷铆液压机的液压钳较重，使用时要严格按使用说明进行操作。

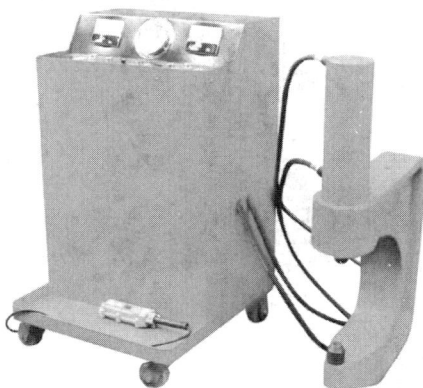

图 1-2-60　冷铆液压机

其使用注意事项如下。

① 要定期按照使用说明进行维护，并注意保护液压管路。

② 在进行冷铆时要注意油压的大小，否则会造成车架的损坏。

③ 进行生产操作时，根据实际情况选择钳口直径，并选择合适的铆钉配套工具。

（9）轮胎拆装机

轮胎拆装机（见图 1-2-61）的组成包括气动组件、电动组件和机械组件等。在使用过程中，要严格按照标准的规范进行操作。由于该设备组件类型较多，涉及电动、气动和机械组件，所以在保养过程中要注意各组件的保养要求。

图 1-2-61　轮胎拆装机

① 拆卸轮胎（见图 1-2-62）。

第一步，将轮胎内的气放干净，去掉钢圈上所有铅块。

第二步，使用切胎设备将轮胎和钢圈彻底分离，将钢圈放在卡盘上并锁住钢圈。

第三步，在轮胎内圈抹好润滑脂，将拆装臂拉下，使卡头内滚轮与钢圈边缘贴住，卡紧扒胎臂。

第四步，用撬棍将轮胎挑起，旋转卡盘，将一侧轮胎扒出。用相同的方法将另一侧轮胎扒出。

对于扁平率比较低的轮胎，可以使用压杆和压盘对轮胎侧壁充分旋转挤压，便于轮胎拆装。

图 1-2-62　轮胎拆卸

② 安装轮胎。

第一步，先在轮胎内侧边缘涂抹润滑脂。

第二步，用与拆胎同样的方法将钢圈固定在卡盘上，将轮胎放到钢圈上沿，并确定好气眼位置。

第三步，移动拆装臂压住轮胎边缘，踩下踏板，逐渐将轮胎压入钢圈内。用同样的方法将另一侧轮胎压入钢圈，完成轮胎安装。

③ 轮胎拆装机保养。

每日检查电源是否良好，气源是否干净、干燥，气压是否在 0.8～1.2MPa，清洁工作环境和转盘台面。

每月对各运动部件进行润滑，排出油水分离器内的存水，检查拆装臂和辅助臂的间隙，检查安装头的塑料防护套，检查注油器油杯的油量。

（10）轮胎平衡机

轮胎平衡机（见图 1-2-63）一般采用立式结构，主要由机架、夹持盘、传动装置和检测系统等组成。轮胎平衡机可以检查车轮的动平衡与静平衡。

当车轮转动时，不对称的质量可能导致跳动或晃动，通常是纵向和横向的振动。它也可以导致转向盘或整个车辆的摆动。由于不平衡，人员乘坐起来就不舒适，所以需要轮胎平衡机对车轮进行平衡。做动平衡前要检查轮毂和轮胎是否发生较大的变形，如有应及时更换；确保轮胎气压在规定的标准气压范围的。

图 1-2-63　轮胎平衡机

① 轮胎平衡机的使用。

第一步，拆卸掉车轮上旧的平衡块并清除轮胎表面的杂物。

第二步，选择与轮辋中心孔匹配的轴心定位锥体，将其安装于旋转轴上，再用快换螺母锁紧。

第三步，进行轮胎平衡机设置（平衡模式、平衡所需参数）。

第四步，放下轮罩，起动轮胎平衡机，进行平衡检测。

第五步，轮胎平衡机停止后，按其所示不平衡值，在轮辋不平衡点处安装平衡铅块。

重复第四步和第五步操作，直至显示"05"以内。

第六步，拆下轮胎，动平衡完毕。

② 轮胎平衡机的保养。

a．保持轮胎平衡机及其周围环境整洁。

b．每日检查电源情况是否良好。

c．定期对轮胎平衡机的运动部件进行润滑。

d．定期对轮胎平衡机进行校验。

4. 焊接作业工具

（1）低压电弧焊

低压电弧焊会放射高能量紫外线，造成操作人员和附近人员眼睛和皮肤灼伤，因此焊接前必须穿戴个人防护装备，并且用屏蔽装置保护其他人，如图 1-2-64 所示。操作电弧焊时，如果作业人员佩戴隐形眼镜，应将隐形眼镜换成普通眼镜，电弧光谱会放射微波，可能将镜片与眼睛之间的液体烘干，导致在摘下镜片时损伤眼睛甚至造成失明。电弧焊也会产生金属飞溅，需要使用眼睛与皮肤专用防护装备。

图 1-2-64　低压电弧焊

焊弧的高温会使焊接的金属、焊条和工作面上的任何涂覆层或污物形成烟雾与气体，这些气体和烟雾可能有毒，应避免人员吸入。需要使用抽排风装置清除工作区的烟雾，特别是在总体通风不良或进行大量焊接工作的情况下。在个别情况下，或在没有足够通风的相对封闭的空间内，需要使用供气防毒面具。进行实际生产操作时，应该根据具体焊接情况选择合适的焊条材料与合适的电流值。

（2）氧乙炔焊

氧乙炔焊俗称气焊，可用来焊接和切割，如图 1-2-65 所示。使用气焊枪时应格外小心防止气体泄漏，以免引起火灾和爆炸。气焊过程中会产生金属飞溅且火焰明亮，需要佩戴防护眼镜和皮肤防护装备。

图 1-2-65　氧乙炔焊

气焊本身很少产生有毒气体，但工件涂层会产生有毒烟雾，特别是在切割损坏的车身时，所以应避免吸入这些烟雾。

（3）低压电阻焊

低压电阻焊是一种以加热方式焊接金属或其他热塑性材料的制造工艺及技术，是工件组合后通过电极施加压力，利用电流通过接头的接触面及邻近区域产生的电阻热进行焊接的方法，如图 1-2-66 所示。

低压电阻焊通常是在焊件装配好之后才接通电源的。电源一旦接通，变压器就在负载状态下运行，一般无空载运行的情况发生，其他工序（如装载，夹紧等）一般不需要接通电源，因此变压器处于断续工作状态。

图 1-2-66　低压电阻焊

（4）火焰钎焊

火焰钎焊俗称铜焊，是指利用熔点比母材（被钎焊材料）熔点低的填充金属（称为钎料或焊料），在低于母材熔点、高于钎料熔点的温度下，利用液态钎料在母材表面润湿、铺展和在母材间隙中填缝，与母材相互溶解与扩散，从而实现零件间连接的焊接方法，如图 1-2-67 所示。

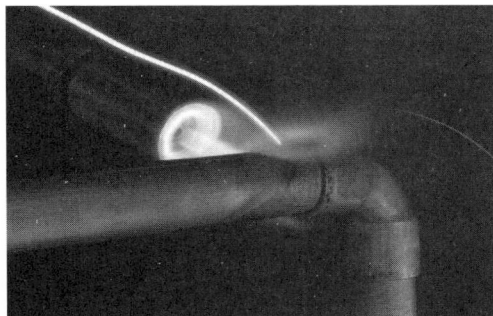

图 1-2-67　火焰钎焊

铜焊条中的金属可能产生有毒烟雾，如果铜焊条中含有镉还会对人产生严重危害。在这种情况下，必须格外小心，避免吸入这些烟雾。

焊接或切割任何含有可燃物的器皿，比如用燃油桶制作的器皿之前必须采取特别的保护措施。

（5）电热锡焊

电热锡焊（见图 1-2-68）所使用的锡焊丝是由锡（熔点 232℃）和铅（熔点 327℃）组成的合金。其中，由 63%锡和 37%铅（质量分数）组成的焊锡被称为共晶焊锡，这种焊锡的熔点是 183℃。

图 1-2-68　电热锡焊

　　应当使用电烙铁对锡焊丝加热，不得使用氧乙炔焰，因为它温度太高，会产生铅烟。任何类型的火焰作用在涂有油脂的表面都会产生一些烟雾，应避免吸入这些烟雾。

　　清除多余焊锡时应小心，确保不会产生细微的铅末。铅末有毒，操作人员需要使用呼吸防护装置。散落的焊锡和锉屑应及时收集和清除，防止铅对大气造成污染。为了避免操作人员摄入铅或吸入衣服上的焊锡粉尘，需要提高防护标准。

学生笔记：

_____

_____

_____

_____

_____

_____

_____

模块 2
整车检查与保养概述

|任务 2.1　了解检查保养项目及周期|

2.1.1　任务信息

任务 2.1　了解检查保养项目及周期

姓名		班级	
学时		日期	
成绩		教师签名	
案例导入		刚进车间不久的实习技师小魏对商用车检查保养的项目和周期都不了解，如果你是一名车间维修技师，请你给小魏介绍一下商用车检查保养的具体项目和周期	
任务目标	知识	1. 掌握商用车的首保项目； 2. 掌握商用车的定期保养项目及周期； 3. 了解商用车的自检项目	
	技能	能够熟记商用车的检查与保养项目	
	素养	1. 树立以客户为中心的理念； 2. 培养严谨的工作态度	

2.1.2　任务准备

1. 商用车（长换油车型）4 台、维修手册 4 套。
2. 媒体资源、文档资源。

2.1.3　任务实施

说明：请查看相关的视频资源、文档资源和"参考信息"，完成以下工作任务。

介绍商用车检查与保养项目

1. 简述车辆检查与保养的必要性。

_____

_____

_____

_____

2. 新车磨合结束后，第一次保养视为首保，补全下表中的首保项目。

序号	首保项目
1	柴油粗滤器排水
2	
3	检查并紧固传动轴固定螺栓
4	
5	检查转向器支架固定螺栓、转向轴与转向器连接螺栓、转向臂固定螺母
6	
7	检查并紧固平衡悬架支架固定螺栓
8	
9	
10	检查并紧固板簧 U 形螺栓
11	
12	检查并紧固驾驶室前、后悬置软垫固定螺栓

3. 将更换或添加油、脂、液、滤芯等及其他按规定里程需到服务站保养的项目视为定期保养，填写下表所述的定期保养项目的周期。

定期保养项目	保养周期
更换发动机油	
更换机油滤清器	
更换变速器油	
更换驱动桥油	
保养一体式空气滤清器主滤芯	
更换一体式空气滤清器二级滤芯	
按规定次序进行轮胎换位	
十字轴加注润滑脂	
检查蓄电池状态显示器	
更换离合器液压操纵制动液	

4．写出发动机总成的自检项目内容。

_____

_____

_____

5．写出变速器总成的自检项目内容。

_____

_____

_____

2.1.4 参考信息

1．首保项目

以解放车型为例，各总成（发动机、手动变速器、驱动桥）根据换油周期不同，可分为长换油总成和非长换油总成，即润滑油型号有长效超级润滑油和普通润滑油两类。新车磨合结束后，第一次保养视为首保，需要检查或保养的项目如下。

（1）柴油粗滤器排水；

（2）检查并紧固油箱箍带；

（3）检查并紧固传动轴固定螺栓；

（4）检查转向器固定螺栓；

（5）检查转向器支架固定螺栓、转向轴与转向器连接螺栓、转向臂固定螺母；

（6）检查并紧固车轮螺母；

（7）检查并紧固平衡悬架支架固定螺栓；

（8）检查并紧固上反作用杆螺栓；

（9）检查并紧固下连接板螺栓；

（10）检查并紧固板簧 U 形螺栓；

（11）检查制动间隙及摩擦片磨损情况；

（12）检查并紧固驾驶室前、后悬置软垫固定螺栓。

商用车保养
项目介绍

2．定期保养项目

定期保养项目如表 2-1-1 所示。

表 2-1-1 定期保养项目

序号	项目	周期	备注
1	更换发动机油	10 万千米/12 个月	新车 6 万千米/12 个月
2	更换离心式机油滤清器转子	10 万千米/12 个月	与发动机机油同时更换
3	更换机油滤清器	10 万千米/12 个月	与发动机机油同时更换
4	更换变速器油	10 万千米/12 个月	新车 6 万千米/12 个月

续表

序号	项目	周期	备注
5	更换驱动桥油	10 万千米/12 个月	新车 6 万千米/12 个月
6	更换动力转向油	10 万千米/12 个月	新车 6 万千米/12 个月
7	更换转向罐滤芯	10 万千米/12 个月	新车 6 万千米/12 个月
8	更换压缩气体滤清器滤芯	10 万千米/12 个月	
9	清洗尿素罐	5 万千米	
10	更换尿素罐滤清器	5 万千米	
11	更换柴油细滤器	6 万千米	
12	更换柴油粗滤器	6 万千米	
13	保养一体式空气滤清器主滤芯	10 万千米/12 个月或滤芯保养 4 次后更换	根据空气滤清器堵塞报警器指示进行主滤芯保养，每 3 万千米进行一次吹灰保养
14	更换一体式空气滤清器二级滤芯	10 万千米/12 个月	
15	按规定次序进行轮胎换位	1 万千米	
16	十字轴加注润滑脂	5 万千米/1 个月	
17	滑动叉加注润滑脂	5 万千米/1 个月	
18	前、后钢板弹簧销加注润滑脂	5 万千米/1 个月	
19	转向节柱销加注润滑脂	5 万千米/1 个月	
20	制动调节臂加注润滑脂	5 万千米/1 个月	
21	制动凸轮支架加注润滑脂	5 万千米/1 个月	
22	检查制动间隙及摩擦片磨损情况，视情况更换制动摩擦片	1 万千米/1 个月	
23	更换空气干燥罐	2 万千米	
24	检查并紧固油箱箍带	1 万千米/1 个月	
25	检查反作用杆接头橡胶	1 万千米/1 个月	
26	更换空调内外循环滤芯	5 万千米	
27	检查蓄电池状态显示器	2 个月	
28	更换离合器液压操纵制动液	24 个月	

3. 自检项目

除首保和定期保养项目外，还要进行日常或不定期检查的项目，将其视为自检。自检项目如表 2-1-2 所示。

表 2-1-2　　　　　　　　　　自检项目

序号	总成	检查项目
1	发动机	发动机是否漏油、漏液
2		发动机润滑油的液面高度，机油液面应在两个标记线之间
3		发动机前、后悬置螺栓是否有松动，悬置软垫是否开裂或有裂纹

序号	总成	检查项目
4	进排气	进气系统管路是否漏气、支架是否开裂或有裂纹
5		排气管支架是否开裂或有裂纹
6	后处理	后处理系统工作是否正常、后处理器固定支架固定螺栓有无松动、支架是否有裂纹
7		尿素箱固定支架固定螺栓有无松动、是否漏尿素
8	供油	油箱有无渗漏、窜动，油箱托架、箍带是否变形或开裂
9		根据水位报警器提示进行燃油粗滤器排水
10	冷却系统	散热器固定拉板是否松动、断裂，风扇运转有无异常
11		散热器悬置支架是否断裂
12	变速器	检查离合器储油杯液面高度，不足时应添加至上、下限刻度线间
13		变速操纵机构是否存在干涉、松动，离合器分离、接合是否正常
14		检查并补充变速器齿轮润滑油，不足时添加
15		软轴是否有磨损、软轴固定支架是否断裂
16	传动系统	传动轴各部位连接螺栓有无松动，与变速器、中后桥连接处是否漏油
17	车架	车架纵梁、横梁及左右前加长梁、前下防护横梁有无裂纹、断裂
18	悬架	前钢板弹簧螺栓是否松动，支架有无开裂或裂纹
19		后钢板弹簧 U 形螺栓是否松动、板簧是否断裂
20		V 形杆、I 形杆螺栓是否松动
21		前减振器是否漏油，前横向稳定杆及吊架是否开裂、变形
22		平衡悬架大支架固定螺栓是否松动、断裂

|任务 2.2　了解保养与检查流程|

2.2.1　任务信息

任务 2.2　了解保养与检查流程

姓名			班级	
学时			日期	
成绩			教师签名	
案例导入		车主李先生到商用车服务站进行车辆的保养，李先生想了解一下保养和检查的流程。如果你是一名维修技师，请你为李先生介绍一下商用车保养和检查的流程		
任务目标	知识	1. 了解按照流程保养的意义； 2. 掌握商用车的保养与检查流程		
	技能	能够熟记商用车的保养与检查流程		
	素养	1. 树立规范意识； 2. 树立以客户为中心的理念，增强服务意识		

2.2.2　任务准备

1．商用车（非长换油车型）4 台、维修手册、车主手册。
2．媒体资源、文档资源。

2.2.3　任务实施

说明：请查看相关的媒体资源、文档资源和"参考信息"，完成以下工作任务。

介绍保养与检查流程

1．车辆在使用过程中，为确保车辆的使用性能，需按照规定的保养周期进行保养。简述车辆按照流程保养的意义。

_____

_____

_____

2．以商用车（非长换油车型）首保为例，整个保养操作项目主要分 10 个部分，请补全下表的主要操作项目。

序号	主要保养项目
1	保养前检查
2	
3	离合器部分
4	手动变速器部分
5	
6	转向部分
7	
8	制动系统
9	
10	电气系统

3．填写下表中所示主要操作项目的保养操作内容。

主要操作项目	主要操作内容
发动机部分	
离合器部分	
手动变速器部分	
制动系统	
电气系统	

2.2.4　参考信息

1.　按照流程保养的意义

车辆在使用过程中，为了确保车辆的使用性能，必须按照规定的保养周期进行保养。维修技师作为车辆保养维护的执行者，按照规范的保养流程执行保养，对保养的工作效率、保养的规范性等意义重大。

（1）提高工作质量

合理规范的流程，可以提高工作的质量。不同的维修技师按照统一的标准执行保养，可以保证工作质量的统一性，减少工作失误或遗忘工作环节。

（2）提高工作效率

合理的保养流程，可以减少不必要的工作程序，使时间得到合理的利用，提高维修技师的工作效率，减少劳动量。

（3）提高客户满意度

维修技师按照相同的顺序与方法进行工作，可以树立专业规范的形象，提高客户满意度。

2.　保养检查流程

为了提高工作效率，车辆保养应按照一定顺序进行，根据保养周期不同，顺序略有区别。现以商用车（非长换油车型）首保为例，介绍保养操作流程，整个保养操作主要分为 10 个部分，如表 2-2-1 所示。

商用车保养与
检查流程

表 2-2-1　　　　　　　　　车辆保养主要操作项目及其内容

序号	主要操作项目	主要操作内容
1	保养前检查	车辆信息的核实
2	发动机部分	发动机的基本检查、润滑油的更换、燃油粗滤器的排水、关键螺栓的紧固等
3	离合器部分	离合器油液状态及离合性能的检查
4	手动变速器部分	手动变速器的基本检查、手动变速器润滑油的更换
5	驱动桥部分	驱动桥的基本检查及润滑油的更换
6	转向系统	转向系统的基本检查及养护
7	传动系统	传动系统的基本检查及养护
8	制动系统	制动系统的基本检查及养护
9	悬架系统	悬架系统的基本检查及养护
10	电气系统	电气系统的基本检查及养护

|任务 2.3　了解保养实施流程|

2.3.1　任务信息

任务 2.3　了解保养实施流程

姓名		班级	
学时		日期	
成绩		教师签名	
案例导入	维修技师小程刚刚开始从事机电维修技师岗位工作，对商用车保养的实施流程不熟悉，请你向小程介绍一下商用车保养的准备工作和具体实施流程		
任务目标	知识	1．了解保养前的准备工作； 2．了解保养前对车辆的内外防护工作； 3．掌握保养的实施流程； 4．掌握保养的后续流程	
	技能	1．能够熟记保养前的准备工作； 2．能够对车辆进行保养操作	
	素养	1．树立以客户为中心的理念； 2．树立规范保养意识； 3．树立安全意识	

2.3.2　任务准备

1．商用车 4 台、通用工具 4 套、车辆防护三件套 4 套、滤芯和油品若干。
2．视频资源、文档资源。

2.3.3　任务实施

说明：通过查询"参考信息"、文档资源、媒体资源等，完成以下工作任务。

介绍保养实施流程

1．车辆保养前需要做的准备工作主要分为四大部分，请将下图补充完整。

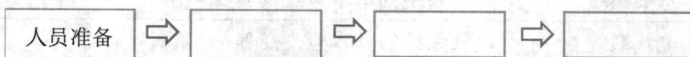

人员准备 ⇨ ☐ ⇨ ☐ ⇨ ☐

2．在对车辆进行保养操作前，需对车辆进行一定程度的保护，以免误操作或其他因素导致车辆被破坏，记录车辆内外防护的具体操作内容。

_____

_____

_____

3．在对车辆进行保养操作前，要进行保养前的检查，记录发动机部分检查的主要内容。

_____

_____

4．下图所示为哪个部分的检查工作？记录其主要检查内容。

_____

_____

5．下图所示为哪个部分的检查工作？记录其主要检查内容。

_____

_____

2.3.4　参考信息

1. 保养前的准备工作

（1）人员准备

① 操作人员需经过专业培训，应能详细了解保养流程、操作标准和注意事项。

② 操作人员务必身穿工作服、劳保鞋等安全防护用品，如图 2-3-1 所示。

（a）工作服　　　　　　　（b）劳保鞋　　　　　　　（c）护目镜

图 2-3-1　安全防护用品

③ 保养操作前，需了解保养周期和对应的项目内容。

（2）工位准备

① 在将车辆驶入工位前，应保持工位的地面干净无异物。

② 气管、油管等收回到位。

③ 工具车及配件摆放整齐，并放到指定位置，如图 2-3-2 所示。

图 2-3-2　工具车及配件

（3）工具准备

① 通用工具摆放整齐，按方便取放原则进行摆放，如图 2-3-3 所示。

② 专用工具需要检查是否齐备、性能是否良好。

③ 抹布、接油桶等辅助工具准备妥当。

图 2-3-3　通用工具

（4）物料准备

根据首保、定保项目要求，准备好滤芯、油品等。

2. 车辆内外防护

在对车辆进行保养操作前，需对车辆进行一定程度的保护，以免误操作或其他因素导致车辆被破坏。

（1）在车辆保养前，需套上车辆防护三件套，即前围挡护布、座椅套和换挡杆。

（2）前围挡护布围在驾驶室下侧，能够保护灯光外罩、车身漆面免受技师工具和衣物的划伤。

（3）座椅套和换挡杆套，能够避免技师在维修车辆时，不小心将油污黏附到座椅和换挡杆上，从而为客户提供良好的保养用车体验。

3.　保养的实施

（1）保养前检查

① 检查保养服务手册、购车发票或发票复印件是否与车辆的发动机号和底盘号等信息一致。

② 检查购车日期、行驶里程是否在规定范围之内。首保的时间因车而异。

（2）发动机部分

① 通过仪表检查机油压力、冷却液温度等信息是否正常。

② 起动发动机，检查发动机有无异响。

③ 如上述检查正常，可更换发动机润滑油，如图 2-3-4 所示。

图 2-3-4　更换发动机润滑油

④ 检查冷却液，不足时添加至标准范围内，如图 2-3-5 所示。

图 2-3-5　检查冷却液

⑤ 检查维护增压器、中冷器、进排气管的连接情况，如图 2-3-6 所示。

图 2-3-6　检查增压器、中冷器、进排气管

⑥ 清洁空气滤清器滤芯，并检查空气滤清器进气道的连接情况如图 2-3-7 所示。

（3）离合器部分

检查离合器液压油，如果油位低于下限刻度线，需要及时加注液压油，如图 2-3-8 所示。

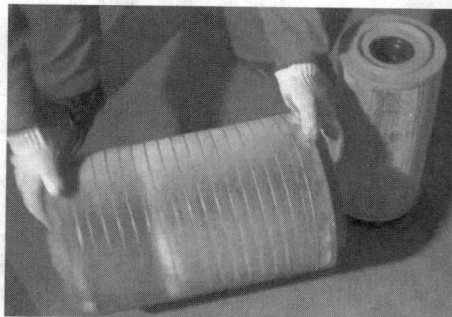

图 2-3-7 检查空气滤清器进气道连接情况

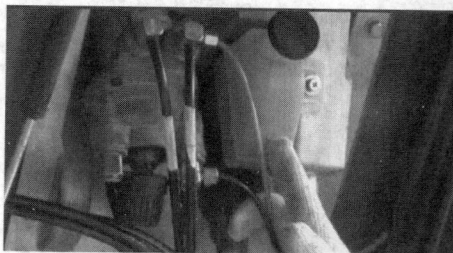

图 2-3-8 检查离合器液压油液面

（4）手动变速器部分

① 检查、调整手动变速器操纵机构工况，选、换挡位置连接的可靠性，操纵有无干涉、异响，是否平顺等，如图 2-3-9 所示。

图 2-3-9 检查、调整手动变速器操纵机构

② 检查、顺通通气塞，如图 2-3-10 所示。

图 2-3-10 检查、顺通通气塞

③ 检查各接合面、油封是否渗油，如图 2-3-11 所示。

④ 更换手动变速器润滑油，如图 2-3-12 所示。

⑤ 检查并紧固手动变速器悬置螺栓，如图 2-3-13 所示。

图 2-3-11　检查各接合面、油封

图 2-3-12　更换手动变速器润滑油

图 2-3-13　检查手动变速器悬置螺栓

（5）驱动桥部分

① 检查并顺通驱动桥通气孔。

② 转动驱动桥听声音，检查轴间差速锁、轮间差速锁的运行状态，如图 2-3-14 所示。

（a）检查轴间差速锁　　　　　　　　　　（b）检查轮间差速锁

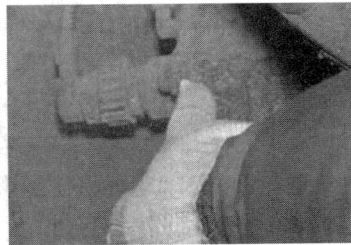

图 2-3-14　检查差速锁运行状态

③ 更换中、后桥润滑油，如图 2-3-15 所示。

图 2-3-15　更换中、后桥润滑油

（6）转向系统

① 检查转向助力油油量（见图 2-3-16），如果油面低于下刻度线，需补充转向助力油。

② 检查动力转向油管的走向有无干涉、打折现象，固定状态及密封性是否正常，如图 2-3-17 所示。

图 2-3-16　检查转向助力油油量

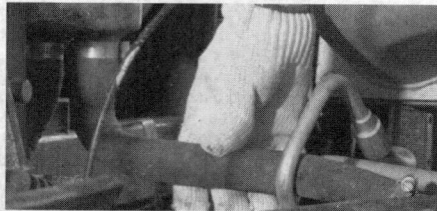

图 2-3-17　检查动力转向油管

③ 检查并紧固转向器固定螺栓（见图 2-3-18）、转向轴与转向器的连接螺栓、转向臂固定螺母，检查横拉杆与纵拉杆的间隙并紧固各部位的固定螺栓。

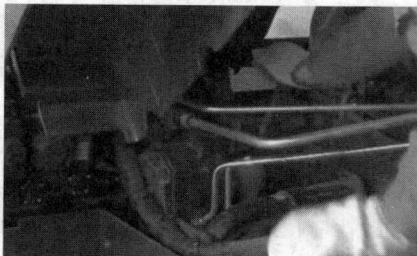

图 2-3-18　检查并紧固转向器固定螺栓

（7）传动系统

① 为传动十字轴加注润滑脂，如图 2-3-19 所示。

图 2-3-19　传动十字轴加注润滑脂

② 检查并紧固传动轴、中间支撑连接螺栓，如图 2-3-20 所示。

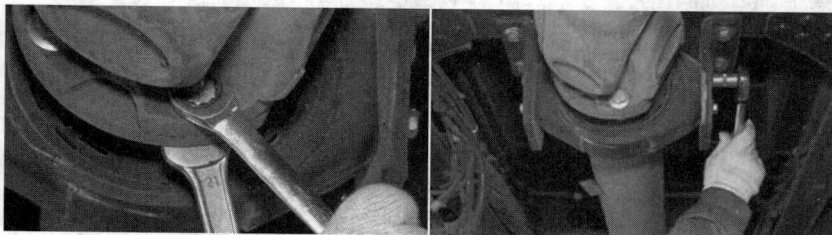

图 2-3-20　检查并紧固传动轴、中间支撑连接螺栓

③ 检查中间支撑旷动量，如图 2-3-21 所示。

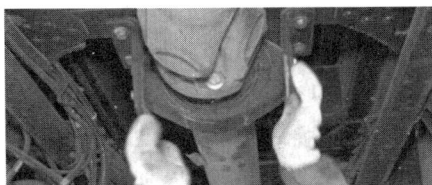

图 2-3-21　检查中间支撑旷动量

（8）制动系统

① 检查制动管路、各阀门是否漏气，如图 2-3-22 所示。

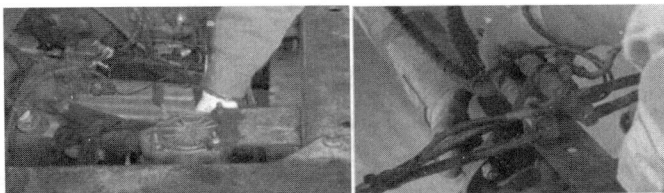

图 2-3-22　检查制动管路及阀门

② 检查制动毂、制动蹄片的磨损情况，如图 2-3-23 所示。

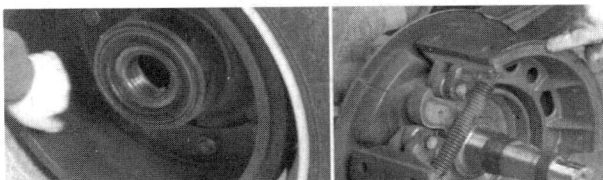

图 2-3-23　检查制动毂、制动蹄片

（9）悬架系统

① 检查驾驶室高度调节阀工作状态及控制管路有无漏气，如图 2-3-24 所示。

② 检查并紧固减振器销轴螺母，如图 2-3-25 所示。

图 2-3-24　检查驾驶室高度调节阀及控制管路

图 2-3-25　检查并紧固减振器销轴螺母

③ 检查钢板弹簧是否有损伤，如图 2-3-26 所示。

图 2-3-26　检查钢板弹簧

④ 检查并紧固钢板弹簧 U 形螺栓，如图 2-3-27 所示。

图 2-3-27　检查并紧固钢板弹簧 U 形螺栓

⑤ 为前、后钢板弹簧销加注润滑脂。检查并紧固平衡悬架各拉杆螺栓、平衡悬架与车架连接螺栓、下连接板螺栓、平衡轴端盖螺栓，检查各胶套有无破损，如图 2-3-28 所示。

图 2-3-28　检查和紧固螺栓

（10）电气系统

① 检查各部位灯光是否正常，如图 2-3-29 所示。

（a）检查前照灯和转向灯

（b）检查尾灯

图 2-3-29　检查各部位灯光

② 检查仪表中机油、蓄电池、冷却液温度表是否正常，如图 2-3-30 所示。

图 2-3-30 检查仪表

③ 检查音响工作是否正常，如图 2-3-31 所示。

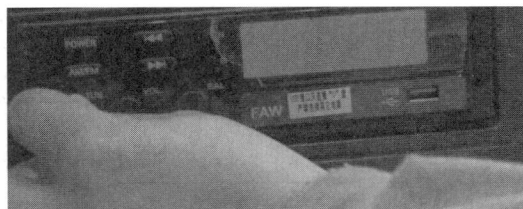

图 2-3-31 检查音响

④ 检查蓄电池的液面高度是否符合刻度线位置、蓄电池电压值是否正常、蓄电池各连接端柱是否连接可靠无松动，如图 2-3-32 所示。

图 2-3-32 检查蓄电池的液面高度

4. 后续流程

保养检查完成后，还应按照下述流程进行最后的工作。

（1）车辆终检

车辆保养完成后，应做好以下工作。

① 技术经理终检车辆保养情况，必要情况下进行路试。

② 车辆确认正常后，洗车准备交车。

（2）工单填写

保养完成后进行工单的填写，主要内容如下。

① 如果在保养过程中发现有车辆故障隐患，应在保养工单上注明等。

② 确认保养工单项目。

（3）场地管理

维修保养完成后，要对车间场地及工具及时进行 6S 管理，主要内容如下。

① 丢弃废弃物。

② 清洁并整理工具，然后将其放入工具车。

③ 保养用到的专用工具，要进行性能维护及归位。

④ 保养用到的设备，要清洁及归位。

⑤ 清洁保养工位。

学生笔记：

_____

_____

_____

_____

_____

_____

_____

模块 3
检查与保养动力系统

| 任务 3.1　检查发动机外观 |

3.1.1　任务信息

任务 3.1　检查发动机外观

姓名		班级	
学时		日期	
成绩		教师签名	
案例导入	王先生要开车去送物资，来到服务站检查车辆情况，你作为维修技师在进行车辆保养检查时，针对发动机外观应该检查哪些项目		
任务目标	知识	1. 了解发动机外观检查的项目； 2. 掌握发动机外观检查的方法	
	技能	1. 能够正确检查发动机管路、油液泄漏和悬置螺栓； 2. 能够正确检查发动机皮带	
	素养	1. 树立安全操作意识； 2. 具有突发安全事故的应急处理能力； 3. 具有团队协作能力	

3.1.2　任务准备

1．实训车辆 4 台、工具车 4 台、工作灯 4 盏、挡块若干；
2．媒体资源、文档资源。

3.1.3　任务实施

说明：通过查询"参考信息"、文档资源、媒体资源等，完成以下工作任务。

检查发动机外观

1．检查实训车辆发动机管路，记录检查结果，并在对应的□处画√。

① 目视检查各连接线束有无破损、干涉（□有　□无），插头连接是否可靠（□是　□否）。

② 目视检查各水管管路有无皲裂、破损（□有　□无），卡箍固定是否良好（□是　□否）。

③ 目视检查各油管有无干涉（□有　□无），连接是否可靠（□是　□否）。

④ 目视检查各气管管路连接是否良好（□是　□否），有无扭曲、破损和松动（□有　□无）。

2．检查实训车辆发动机舱油液泄漏情况，记录检查结果，并在对应的□处画√。

目视检查发动机舱内有无机油渗漏（□有　□无），有无冷却液渗漏（□有　□无），有无变速器油渗漏（□有　□无），有无转向助力油渗漏（□有　□无）。

3．检查实训车辆发动机悬置螺栓及软垫，记录检查结果，并在对应的□处画√。

① 检查发动机前、后悬置螺栓是否有松动（□是　□否），如有异常要按照规定力矩拧紧。

② 目视检查悬置软垫是否有开裂或裂纹（□是　□否），如有异常应及时进行更换。

4．检查实训车辆发动机皮带，记录检查结果。

_____

_____

_____

5．进行车间 6S 管理。

3.1.4　参考信息

1．发动机管路检查

发动机管路检查项目如下（见图 3-1-1）。

① 目视检查各连接线束有无破损、干涉，插头连接是否可靠。

② 目视检查各水管管路有无皲裂、破损，卡箍固定是否良好。

③ 目视检查各油管有无干涉，连接是否可靠。

④ 目视检查各气管管路连接是否良好，有无扭曲、破损和松动。

图 3-1-1　发动机管路检查

发动机外观检查

2. 油液渗漏检查

发动机舱内油液的渗漏，轻则导致发动机工作不良，严重时可能导致灾难性事故（如燃油泄漏），因此在进行外观检查时，需检查各种油液是否渗漏，如图 3-1-2 所示。

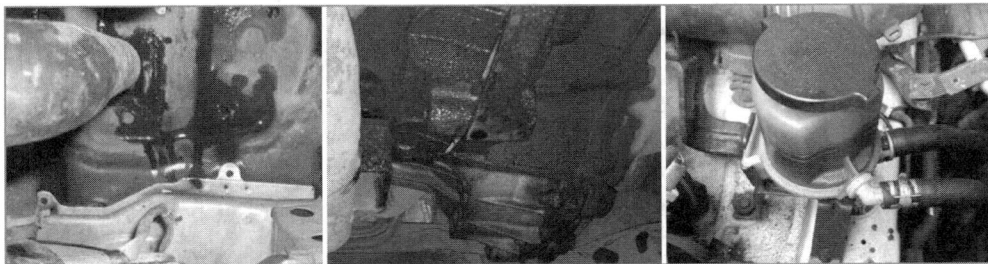

图 3-1-2　发动机油液渗漏检查

① 目视检查发动机舱内有无油液渗漏（包括机油、冷却液、变速器油和转向助力油）。

② 通过不同方位进行检查是否存在泄漏点。

③ 通过机油标尺、冷却液标线等手段确认泄漏严重程度。

④ 根据油液的新鲜程度判断发生泄漏的时间长短。

如出现相应问题，应及时进行检修。

3. 悬置螺栓及软垫检查

① 检查发动机前、后悬置螺栓是否有松动，如有异常应按照规定力矩拧紧。

② 目视检查悬置软垫是否有开裂或裂纹，如有异常应及时进行更换，如图 3-1-3 所示。

图 3-1-3　悬置螺栓及软垫检查

4. 发动机皮带检查

发动机皮带异常磨损、断裂，可能导致发动机异响、冷却液温度异常、发电机工作不良等故障，维修工作中需按时对皮带的工作状态进行检查维护。以 CA6DM3 发动机皮带为例（见图 3-1-4），针对皮带的检查，有如下几方面。

① 检查皮带外观，有无撕裂、破损，如有应更换新皮带。

② 检查皮带位置有无错位，如有应进行调整或更换。

③ 选择合适的检测工具，在皮带最长跨距上测量其挠度，查阅实训车辆发动机皮带的挠度标准范围，如果不符合标准，应更换皮带。

注意：皮带规格不同，技术参数也不同，请根据具体的发动机型号及皮带进行结果判断。

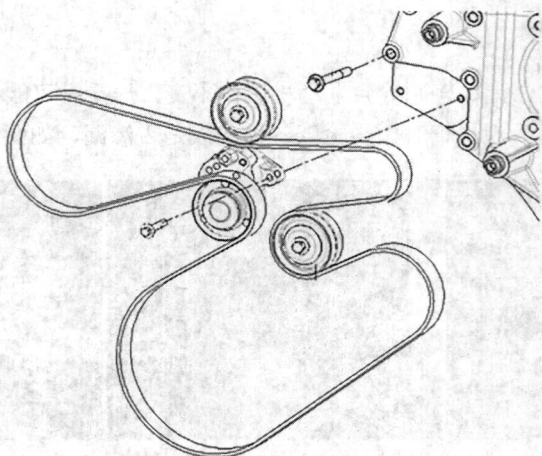

图 3-1-4　发动机皮带检查

|任务 3.2　检查与保养润滑系统|

3.2.1　任务信息

任务 3.2　检查与保养润滑系统

姓名		班级	
学时		日期	
成绩		教师签名	
案例导入		小孙是刚入职的实习维修技师，现接到更换发动机机油和机油滤清器的保养任务，如果你是小孙的师父，你应该如何指导小孙正确完成此项任务	
任务目标	知识	1. 了解不同类型机油的更换周期； 2. 掌握机油和机油滤清器的更换方法	
	技能	1. 能够规范完成发动机润滑油的更换； 2. 能够正确更换机油滤清器	
	素养	1. 树立安全操作意识； 2. 具有突发安全事故的应急处理能力； 3. 树立以客户为中心的服务意识	

3.2.2　任务准备

　　1. 实训车辆 4 台、常用工具 4 套（套筒扳手组件、扳手、钳子、滤芯扳手、扭矩扳手组件）、机油收集器 4 套、旋装式机油滤清器 4 个、离心式机油滤清器 4 个、机油 8 桶、绒布若干、吸油纸若干、维修手册；

　　2. 媒体资源、文档资源。

3.2.3 任务实施

说明：通过查询"参考信息"、文档资源、媒体资源等，完成以下工作任务。

检查与保养润滑系统

1. 实训车辆所使用的机油类型是_____。
2. 分别记录长效机油和普通机油的检查和更换周期。

_____

_____

_____

_____

3. 按照下列步骤完成实训车辆发动机润滑油的更换。
① 确定车辆挡位在空挡位置，拉紧驻车制动器。　　　　　　　　　□完成
② 发动机处于热车状态。　　　　　　　　　　　　　　　　　　　□完成
③ 翻转驾驶室。　　　　　　　　　　　　　　　　　　　　　　　□完成
④ 将机油标尺从导管中拔出，并使用吸油纸将机油标尺下端擦拭干净。　□完成
⑤ 将机油标尺插入导管，安装到位。　　　　　　　　　　　　　　□完成
⑥ 将机油标尺从导管中拔出，查看机油液位是否在上限与下限之间。　□完成
⑦ 将机油标尺插入导管，安装到位。　　　　　　　　　　　　　　□完成
⑧ 将机油收集器放在发动机放油口正下方，使用合适的扳手旋松放油塞，并排放机油。
　　　　　　　　　　　　　　　　　　　　　　　　　　　　　　□完成
⑨ 使用吸油纸将放油塞擦拭干净，等待机油排放干净。　　　　　　□完成
⑩ 安装放油塞，并使用扭矩扳手将放油塞旋紧至规定力矩（参照维修手册）。□完成
⑪ 使用吸油纸将放油塞周围擦拭干净。　　　　　　　　　　　　　□完成
⑫ 使用滤芯扳手将旋装式机油滤清器旋下，在新的机油滤清器密封圈上涂上薄薄的一层机油，并将新的旋装式机油滤清器安装到位旋紧。力矩参照维修手册。　□完成
⑬ 使用合适的工具拆卸并更换离心式机油滤清器。　　　　　　　　□完成
⑭ 使用吸油纸将机油滤清器周围擦拭干净。　　　　　　　　　　　□完成
⑮ 将机油收集器放置在安全区域。　　　　　　　　　　　　　　　□完成
⑯ 从机油加注口加注机油（加注量参考维修手册）。　　　　　　　□完成
⑰ 安装机油加油口盖。　　　　　　　　　　　　　　　　　　　　□完成
⑱ 起动车辆，预热发动机机油，然后关闭发动机，等待 5min 左右。　□完成
⑲ 拔出机油标尺，查看机油液位是否位于上限与下限之间，如不是则进行调节补充。
　　　　　　　　　　　　　　　　　　　　　　　　　　　　　　□完成

4. 记录机油滤清器更换的步骤，并按此步骤完成实训车辆机油滤清器的更换。

_____

_____

_____

_____

3.2.4　参考信息

1. 长效机油的检查及更换周期

长效机油相比普通机油更换周期更长，能用更长的里程。例如解放 J6 车辆 CA6DM3 型发动机，为确保柴油机的正常运行和延长其寿命，其配置使用的是黏度等级为 10W-40 的长效机油。

（1）发动机机油液面检查周期

① 由于换油周期延长，在换油周期内补充机油属于正常现象，因此建议每间隔 1 万～1.5 万千米至少检查一次机油标尺，防止由于缺少机油导致发动机出现故障。

② 每间隔 3 万千米正常需要填补机油 3～4.5L。

③ 当油位达到机油标尺下限刻度线时，要补充机油至上限刻度线与下限刻度线之间或至接近上限刻度线处。

（2）长效机油更换周期

首次更换机油及机油滤清器（包括离心式机油滤清器）的里程与时间要求为 6 万千米或 12 个月。第二次及之后更换机油及机油滤清器（包括离心式机油滤清器）的里程与时间要求为 10 万千米或 12 个月。更换机油及机油滤清器后的机油加注量为 38.5～39L。

注意：

① 里程与使用时间以先达到的为准；

② 严禁混合加注不同品牌和型号的机油，不同品牌机油的成分不同，会发生化学反应，严重腐蚀发动机内部的零部件，缩短发动机使用寿命；

③ 更换机油的同时，应更换旋装式机油滤清器和离心式机油滤清器；

④ 一年内超过 3 个月在多灰尘地区、山区、寒区（环境温度低于−20℃）使用或整车平均油耗高于 50L/100km 时，换油周期减半，换油时间间隔缩短一半。

2. 普通机油更换周期

普通机油的更换周期为新车磨合结束（已行驶 2 000～6 000km）时或每行驶 10 000km 时。非长换油车型的更换机油及机油滤清器的周期不可超过 1.5 万千米或 300h 或 3 个月。

3. 发动机机油的更换

（1）将汽车停放在平坦路面上，在车轮处垫上挡块。

（2）在热车状态（油温大约在 80℃）熄火，拧开油底壳下部的放油螺塞（注意油热，不要烫伤人），如图 3-2-1 所示，清除螺塞上吸附的杂质。

（3）油放净后旋紧放油螺塞。

（4）翻转驾驶室，即可看到机油加注口螺栓，如图 3-2-2 所示。加入新机油，使油面达到机油标尺的上限。

（5）起动发动机，怠速运转数分钟后，停机 5min，检查机油标尺，油位应在 H 和 L（即上限刻度线和下限刻度线）两个标记之间，如图 3-2-3 所示。

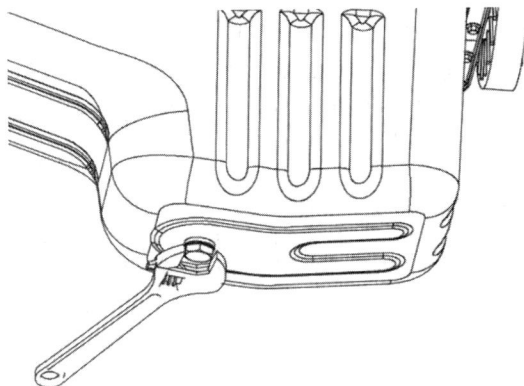

图 3-2-1　拧油底壳放油螺塞

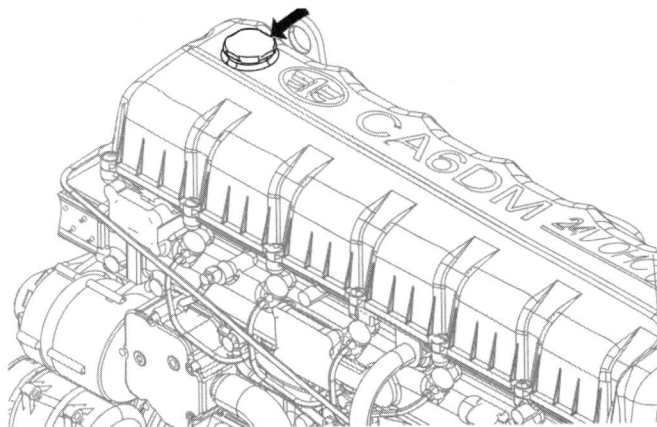

图 3-2-2　机油加注口螺栓

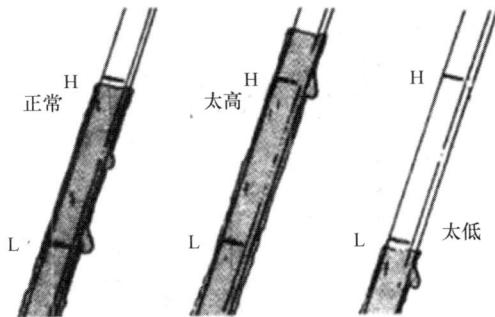

图 3-2-3　机油液位高度正常范围

　　注意：机油黏度受温度影响很大，应根据环境温度选择合适的机油。短期内环境温度低于机油适用温度范围，会影响起动性能，但不会造成危害。但是若长期使用不适合的机油，则会加速发动机磨损。

4. 更换机油滤清器

　　每次机油保养时都必须更换机油滤清器，更换方法如下。

① 用专用工具逆时针方向旋转即可拆下机油滤清器，如图 3-2-4 所示。

② 滤清器安装表面必须平整、光滑、不得有污物。

③ 安装时在滤清器密封件表面涂发动机机油。

④ 顺时针拧紧机油滤清器，直到橡胶密封衬垫与底座面接触后，再拧紧一圈。

注意：不同发动机机油滤清器的拧紧力矩参照维修手册，如 CA6DK1 发动机，其机油滤清器拧紧力矩为(40±10)N·m。

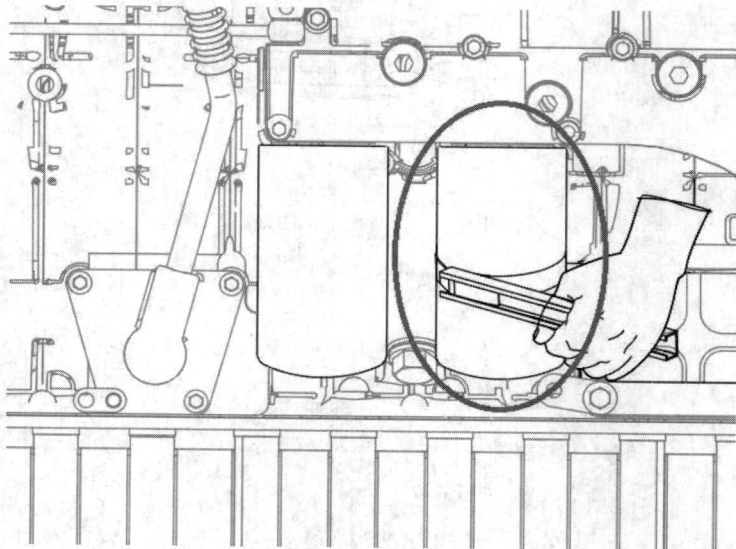

图 3-2-4　拆卸机油滤清器

| 任务 3.3　检查与保养冷却系统 |

3.3.1　任务信息

任务 3.3　检查与保养冷却系统

姓名			班级	
学时			日期	
成绩			教师签名	
案例导入		车主王先生到服务站进行发动机冷却液更换，作为维修技师，你需要按照维修手册要求，规范完成此项任务		
任务目标	知识	1. 掌握冷却液液位的检查方法； 2. 掌握冷却液冰点的检测方法； 3. 掌握冷却液的更换方法		
	技能	1. 能够规范检查冷却液位并能判断液位是否正常； 2. 能够规范检查冷却液冰点并能判断冰点是否正常； 3. 能够按照规范流程完成冷却液的更换		
	素养	1. 树立安全操作意识； 2. 树立职业规范意识		

3.3.2　任务准备

1. 实训车辆 4 台、冷却液若干、常用工具 4 套（套筒扳手组件、钳子组件）、玉缩空气枪若干、接水盘 4 个、绒布若干、冰点测试仪 4 个。
2. 媒体资源、文档资源。

3.3.3　任务实施

说明：通过查询"参考信息"、文档资源、媒体资源等，完成以下工作任务。

检查与保养冷却系统

1. 检查实训车辆冷却液液位，检查结果是否正常？□正常　□不正常
2. 检测实训车辆冷却液冰点，记录冰点值。如果冰点过低对发动机会有什么影响？
记录测试冰点：_____

影响：_____

3. 按照下列步骤完成实训车辆发动机冷却液的更换。
① 将冷却液压力盖从膨胀水箱上拆下。　　　　　　　　　　　□完成
② 在散热器放水螺塞下放置接水盘。　　　　　　　　　　　　□完成
③ 在散热器放水螺塞下放置引流纸板等，从而将冷却液直接引到接水盘中，以免污染前部线束等部件。　　　　　　　　　　　　　　　　　　　　　□完成
④ 松开散热器放水螺塞。　　　　　　　　　　　　　　　　　□完成
⑤ 排空冷却系统后（如有必要可使用压缩空气枪辅助），旋紧散热器放水螺塞。
　　　　　　　　　　　　　　　　　　　　　　　　　　　　　□完成
⑥ 向膨胀水箱缓慢地加注新的冷却液，直至冷却液液位达到规定位置。　□完成
⑦ 在驻车制动器拉起、发动机在驻车挡（P）或空挡（N）的情况下，使发动机怠速运转。　　　　　　　　　　　　　　　　　　　　　　　　　　　　□完成
⑧ 及时向膨胀水箱补充冷却液，使冷却液液位稳定在膨胀水箱的上、下限刻度线之间。　　　　　　　　　　　　　　　　　　　　　　　　　　　　　□完成
⑨ 将发动机转速提高至 1 500 r/min 左右，直到发动机达到正常温度，风扇开始高速工作。　　　　　　　　　　　　　　　　　　　　　　　　　　　　□完成
⑩ 观察冷却液液位是否处于上限与下限之间，如果低于下限，及时补充至上限与下限之间。　　　　　　　　　　　　　　　　　　　　　　　　　　　□完成
⑪ 通过仪表确认发动机冷却系统进入大循环后，冷却液温度状态是否正常，如温度异常高，需熄火检查具体原因，如温度状态正常，拧紧膨胀水箱盖，冷却液更换完成。　□完成
4. 完成实训场地 6S 管理。

3.3.4　参考信息

汽车冷却液虽然沸点低，不容易蒸发，但长时间的使用和里程的积累，也会使冷却系统出现冷却液缺失、变色、冰点降低、结垢等问题，因此必须定期对冷却系统进行保养。

1.　冷却液液位检查

（1）在发动机冷却系统中，冷却液的作用至关重要。如果出现了冷却液缺失，将导致发动机冷却介质不足而引起高温、发动机拉缸等严重事故。

（2）如图 3-3-1 所示，冷却液的液位必须保持在膨胀水箱上的上限刻度线与下限刻度线之间，如发现冷却液的液位较低，应及时添加。

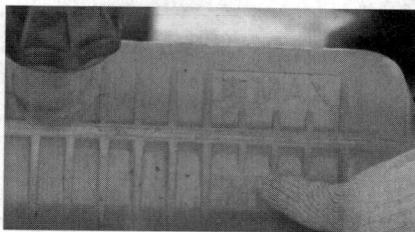

图 3-3-1　冷却液液位正常范围

注意：添加冷却液时，需要待发动机温度降低到安全范围后，再小心释放冷却系统压力。

2.　冷却液冰点检查

发动机冷却系统使用专用冷却液作为工作介质，如果冰点过低，将会导致发动机缸体、缸盖、暖风水箱、冷却器等零部件有冻裂的风险。为避免此类事件的出现，应对冷却液的冰点进行日常检查。可使用专用的冰点测试仪对冷却液的冰点进行测试，如图 3-3-2 所示。

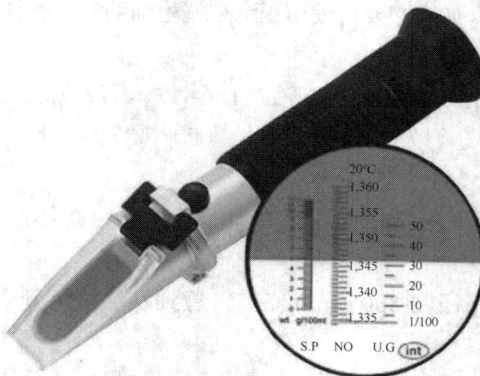

图 3-3-2　冰点测试仪

注意：冰点测试仪是为测量电池溶液及冷却液的浓度而设计的。通过测得的百分比可以知道以丙二醇和乙二醇为基准物料的冷却系统冷却液的冰点和汽车风窗玻璃清洁液的冰点，还可以用来检查铅酸蓄电池内电解液配方的比例及使用状态，为配置冷却液、电池电解液提供了极大的方便。

其使用方法为：先清洁测试仪表面的测试玻璃面板，再抽取一定量的样本液体，滴到测试玻璃面板上（见图3-3-3），然后覆盖测试仪盖玻片。

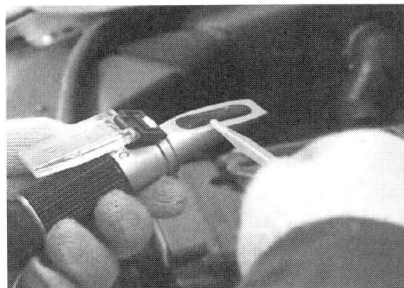

图 3-3-3　冰点测试仪使用

如图 3-3-4 所示，通过观察窗口看分界线的位置，其对应的读数则是液体冰点。如果冷却液的浓度低于环境所需要的抗冻标准，需要更换冷却液。

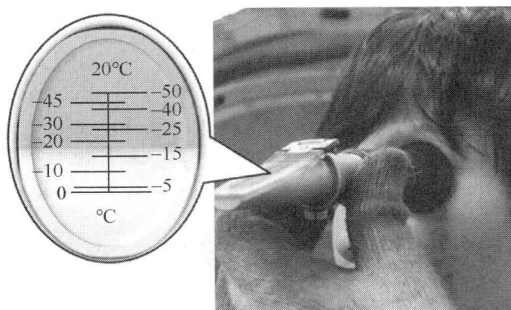

图 3-3-4　冰点测试仪观察方法

3. 冷却液的更换

如果冷却液使用寿命到达了保养要求，或者由于某种原因使冷却液的冰点达不到运行环境的要求，就需要进行冷却液的更换，更换步骤如下。

（1）确保发动机冷却液的温度不会对人体造成伤害后，缓慢拧开膨胀水箱密封盖，如图3-3-5所示，释放系统压力，同时保证在排放冷却液时不会产生真空。

图 3-3-5　拧开膨胀水箱密封盖

（2）在散热器放水螺塞的下方放置好接水盘，然后松开散热器排水螺塞（见图3-3-6），直至排空散热器中的所有冷却液。

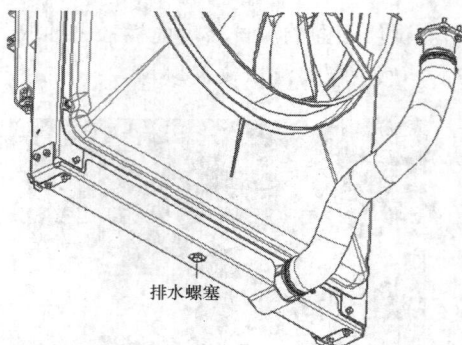

排水螺塞

图 3-3-6　松开散热器排水螺塞

（3）当散热器的冷却液停止流出时，将膨胀水箱的盖子拧紧，准备进一步排空发动机的冷却液。

（4）如图 3-3-7 所示，拆卸发动机与散热器之间连接的上水管。

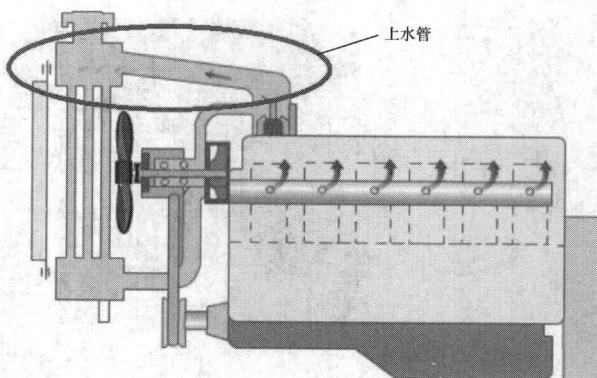

上水管

图 3-3-7　拆卸上水管

（5）如图 3-3-8 所示，将压缩空气枪对准上水管连接的发动机一端，向内吹压缩空气，将发动机内部剩余的冷却液完全排放出去。

（6）当散热器排水口不再有冷却液流出时，紧固散热器的放水螺塞，并安装紧固上水管。

（7）冷却液完全排放后，向发动机内添加新的冷却液。

（8）如图 3-3-9 所示，缓慢地将冷却液加注到膨胀水箱中，直至达到规定刻度并不再下降为止。

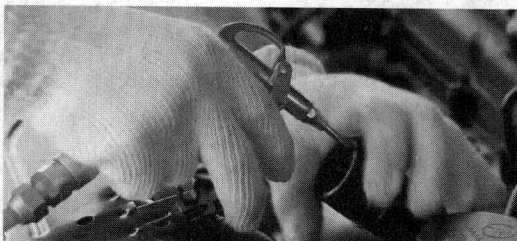

图 3-3-8　使用压缩空气枪排冷却液

图 3-3-9　加注新冷却液

（9）起动发动机使其怠速运行，当冷却液液位下降时，随时对膨胀水箱内冷却液进行添加，使其维持在标准刻度范围内。

（10）待冷却系统进入大循环后，检查确认发动机温度状态是否正常，如发动机温度状态正常，再次确认膨胀水箱冷却液液位并拧紧膨胀水箱盖。

注意：冷却液更换的步骤（4）、（5）、（6）仅作辅助使用，如冷却液可以顺利排空，可以不做这几步。

4. 温控硅油风扇离合器检查

如果车辆行驶过程中出现冷却液过热现象，除需检查冷却液是否充足，调温器、水泵是否正常工作外，还应检查温控硅油风扇离合器（见图 3-3-10）是否工作正常。检查时若出现以下情况，则应更换风扇离合器。

（1）风扇离合器轴承处有硅油渗出；

（2）感温元件有磕碰、断裂现象；

（3）用手转动时，有不正常的声响或转不动。

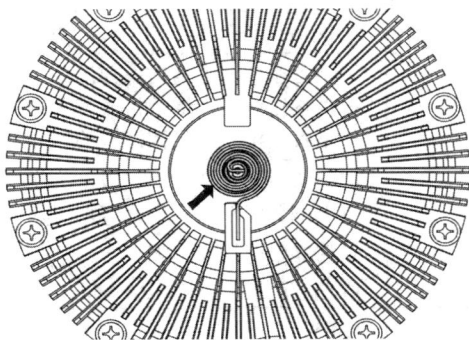

图 3-3-10　温控硅油风扇离合器

5. 电控硅油风扇离合器检查

图 3-3-11 所示为发动机电控硅油风扇离合器，其检查方法如下。

（1）定期检查离合器前、后盖，若其上积累过多的泥垢应及时清除，以免使电控硅油风扇离合器滑差变大，影响电控硅油风扇离合器的散热效果，严重时会导致发动机高温。

（2）定期检查电控硅油风扇螺线管线束护套，看有无磕碰、划伤、断裂，线束插接件是否有松脱等现象。

（3）定期用手旋转风扇，检查电控硅油风扇离合器是否卡滞和有异响。

（4）目测离合器轴承是否有漏油痕迹。

图 3-3-11　发动机电控硅油风扇离合器

注意：定期检查风扇外径各方向是否与护风罩间隙均匀，防止风扇与护风罩产生刮擦干涉而导致风扇破损。

任务 3.4　检查与保养进气系统

3.4.1　任务信息

任务 3.4　检查与保养进气系统

姓名		班级	
学时		日期	
成绩		教师签名	
案例导入	王先生在行车中发现车辆加速无力、动力不足，来到服务站检查时，发现空气滤清器太脏，需要你对车辆的进气系统进行规范的检查和保养		
任务目标	知识	1. 熟悉空气滤清器的保养周期； 2. 掌握空气滤清器的检查方法； 3. 掌握油浴式空气滤清器的保养方法	
	技能	1. 能够按照规范流程完成空气滤清器的检查和保养； 2. 能够按照规范流程完成油浴式空气滤清器的检查和保养	
	素养	1. 树立安全操作意识； 2. 树立严谨细致的工作态度	

3.4.2　任务准备

1. 实训车辆 4 台、常用工具 4 套（套筒扳手组件、扳手、螺钉旋具、扭矩扳手组件）、空气滤芯 4 个、吹枪 4 把、抹布若干。

2. 媒体资源、文档资源。

3.4.3　任务实施

说明：通过查询"参考信息"、文档资源、媒体资源等，完成以下工作任务。

检查与保养进气系统

1. 仪表上 ▶ 报警灯亮表示什么含义？

_____

_____

2. 空气滤清器的主滤芯和二级滤芯的保养周期是多少？

主滤芯：_____

二级滤芯_____

3．完成实训车辆空气滤清器检查，记录其主要检查步骤。

_____

_____

4．油浴式空气滤清器保养的要求是什么？

_____

_____

5．完成实训场地 6S 管理。

3.4.4　参考信息

1．空气滤清器的保养周期

发动机进气系统中的空气滤清器滤芯必须适时进行保养更换，以免造成滤芯堵塞、发动机功率下降、油耗增加等问题，若滤芯破损，将引起发动机磨损。

当进气阻力超过允许的最大值时，驾驶室仪表板上的空气滤清器报警灯（见图 3-4-1）会亮，表示空气滤清器堵塞，此时需进行主滤芯保养；或者根据车辆行驶里程进行定期保养（检查清洁）。

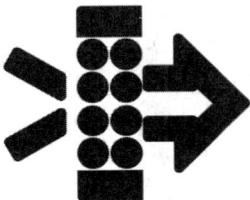

图 3-4-1　空气滤清器报警灯

（1）主滤芯的保养

一体式空气滤清器主滤芯更换周期一般为 10 万千米或 12 个月。如装有 CA6DM3 发动机的车辆，在一般地区，每行驶 3 万千米需保养一次主滤芯；经常在风沙较大或多尘地区行驶时，应适当缩短主滤芯的保养里程。未装有 CA6DM3 发动机的车辆，每行驶 1.5 万千米或 3 个月或 300h，保养一次主滤芯。主滤芯保养 4 次或使用一年后，必须更换新的主滤芯。

（2）二级滤芯的保养

如装有 CA6DM3 发动机的车辆，每行驶 10 万千米或一年更换一次二级滤芯；未装有 CA6DM3 发动机的车辆每行驶 6 万千米或一年更换一次二级滤芯。

注意：不允许不装空气滤清器就起动柴油机，进气必须经过空气滤清器，以防止灰尘和杂质进入气缸，否则会导致气缸套早期磨损。

2. 空气滤清器的检查

（1）如图 3-4-2 所示，松开空气滤清器的端盖卡簧，取下端盖，将端盖内的尘土倒掉，用抹布将端盖擦净。

图 3-4-2　空气滤清器的检查

（2）轻轻抽出主滤芯，用 400～600kPa 干燥清洁的压缩空气从滤芯内侧向外吹，将滤芯吹干净并擦净密封端面。

（3）装复前必须检查主滤芯端面的密封胶圈是否完好、滤纸是否破损，如有破损需更换新滤芯。

（4）将主滤芯按正确位置轻轻压入壳体内，装好端盖。

（5）彻底检查空气滤清器出气口到发动机增压器进气口之间的连接管路密封性是否完好。如需要，请按照上述操作，更换新的滤芯。

3. 油浴式空气滤清器保养

有些需要在恶劣条件下行驶的车辆，安装有空气粗滤器（如油浴式空气滤清器），每次更换空气滤芯时，需要对油浴式空气滤清器（见图 3-4-3）的滤芯进行保养。

（1）一般地区每行驶 250h 或更换机油保养时，需要更换机油滤清器内的机油，在复杂恶劣情况下，保养周期减半。

（2）当晃动油底壳，机油不易流动时，也需清洗油浴式滤芯，更换机油。

（3）油液放掉后，务必彻底清洁油液腔室。

（4）向油底壳加注机油至油面线（一般加 4L 左右），不得过量。

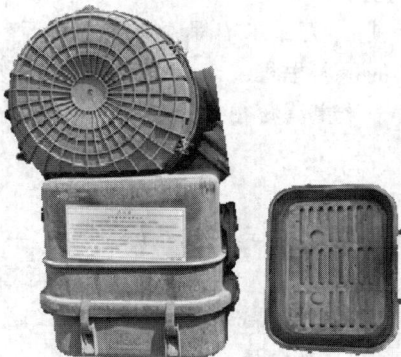

图 3-4-3　油浴式空气滤清器

|任务 3.5　检查与保养排气系统及后处理系统|

3.5.1　任务信息

任务 3.5　检查与保养排气系统及后处理系统

姓名		班级	
学时		日期	
成绩		教师签名	
案例导入		高先生在运输货物时，发现车辆油耗明显增高，来到服务站进行车辆检查，初步确定为发动机后处理系统故障。如果你是维修技师，你应该如何规范完成客户车辆后处理系统的检查和保养	
任务目标	知识	1. 了解排气系统的检查内容； 2. 掌握发动机后处理系统检查和维护的内容和方法	
	技能	1. 能够正确检查发动机的排气系统； 2. 能够正确读取车辆尿素溶液值； 3. 能够正确完成尿素罐的维护； 4. 能够规范完成尿素滤芯的更换	
	素养	1. 树立安全操作意识； 2. 具有团队协作能力； 3. 树立以客户为中心的服务意识	

3.5.2　任务准备

1. 实训车辆 4 台、常用工具 4 套（套筒扳手组件、扳手、螺钉旋具、扭矩扳手组件）、尿素滤芯 4 个。

2. 媒体资源、文档资源。

3.5.3　任务实施

说明：通过查询"参考信息"、文档资源、媒体资源等，完成以下工作任务。

检查与保养排气系统及后处理系统

1. 排气系统的检查项目有哪些？

2．完成实训车辆的排气系统检查，并记录检查结果。

检查结果：_____

_____

3．实训车辆的尿素量为_____，是否需要添加？□是　　□否

4．记录尿素罐的检查维护要求，完成对实训车辆尿素罐的维护。

检查维护要求：_____

_____

_____

5．气驱动尿素箱供气滤芯的更换周期为_____。

6．电动机驱动尿素滤芯的更换周期为_____。

7．完成实训车辆电动机驱动尿素滤芯的更换，记录其主要步骤。

_____

_____

_____

8．完成实训场地 6S 管理。

3.5.4　参考信息

1．检查排气系统

如排气系统出现异常，可能导致发动机排气噪声大、有害气体排放不达标等问题，不仅影响发动机的工作性能，还影响驾乘舒适性，因此在保养时需要定期对排气系统的状态进行检查。

排气系统（见图 3-5-1）由后处理器总成、金属软管、管路密封装置、管路保温隔热罩、HC（碳氢化合物）喷射接管等构成。其主体功能是降低发动机排放和噪声。其主要检查项目如下。

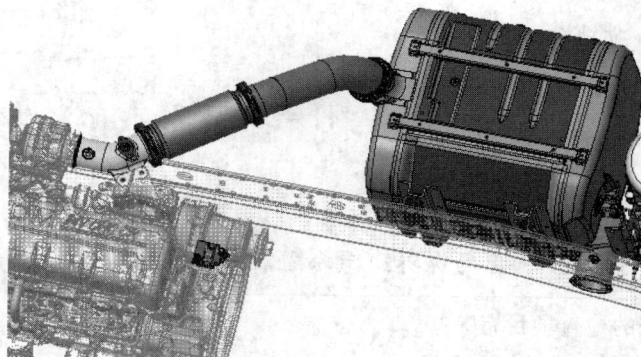

图 3-5-1　排气系统

① 目视检查排气管各连接端面、排气管道是否存在锈蚀、密封不良引起的排气泄漏等现象。

② 目视检查排气系统悬挂的吊耳是否存在开裂、丢失现象。

③ 拍动后处理系统壳体，听其内部有无碎裂异响。

在上述检查中，如有异常应及时进行维修或更换。

2. 检查和保养后处理系统

在车辆使用过程中，如后处理系统工作异常，可能引起限扭、限速故障，所以需要定期对后处理系统进行检查或养护。

（1）尿素溶液量检查

图 3-5-2 为尿素溶液量显示表，每次起动车辆时，要检查仪表显示的尿素溶液是否充足，必要情况下，可随车携带一定容量的尿素溶液，以备长途行驶时添加使用。

图 3-5-2　尿素溶液量显示表

商用车后处理
系统组成

（2）尿素溶液选择

不要使用劣质尿素溶液，必须使用符合 GB 29518—2013 标准的专用溶液，否则可能使位于消声器里的催化器载体中毒失效或使选择性催化还原法（SCR）系统故障灯点亮。

（3）尿素罐检查维护

对于气驱动尿素系统，新车行驶达 2 000km 时必须对尿素罐箍带螺栓进行首次复紧（见图 3-5-3），箍带螺栓复紧力矩为 65～70N·m（J6 车型），以后每行驶 5 000km 需进行一次复紧。整车每行驶 5 万千米，应清洗一次尿素罐。

图 3-5-3　拧紧尿素罐箍带螺栓

每行驶 5 万千米时，需拆卸尿素液位温度传感器总成，更换尿素罐滤清器。根据尿素溶液的情况，可适当缩短或增加更换里程。

注意：加尿素液前必须熄火，加注时应防止杂质落入尿素罐内，液面到达加注口后停止加注。

（4）气驱动尿素箱供气滤芯更换

目前部分轻型商用车采用气驱动尿素系统。对于气驱动尿素系统，空气压力气源在到尿素箱驱动之前要经过滤器过滤。维修工作中，需要定期对尿素箱供气滤芯进行检查维护，如一汽解放 J6 车型，每隔 10 万千米或 12 个月需更换一次滤芯。更换时，用专用扳手拆下滤芯，换装新滤芯。装配时，先在密封垫表面涂一层机油膜，接着用手轻轻将粗滤器旋紧在底座上后，再旋入 3/4 圈（12～15N·m）。

（5）电动机驱动尿素滤芯更换

一汽解放的部分车型采用电动机驱动尿素系统，尿素泵装配有尿素滤芯（见图 3-5-4），要求必须进行定期更换，如 J6 车型，要求每 3 万千米或 3 个月需更换一次滤芯。

注意：如使用的尿素品质较差，应适当缩短滤芯的更换周期。

图 3-5-4　电动机驱动尿素滤芯

其更换步骤如下。

① 拆掉滤清器盖，拔出平衡块。

② 使用专用工具（卡槽）将滤芯取出，尿素滤芯如图 3-5-5 所示。

③ 用水清洗滤清器盖螺栓外表面，并润滑新滤清器 O 形圈。

④ 按照拆卸相反的程序装入新滤芯。

⑤ 滤芯盖拧紧力矩，可参考对应车型的维修手册。

图 3-5-5　尿素滤芯

|任务 3.6　检查与保养燃油系统和点火系统|

3.6.1　任务信息

任务 3.6　检查与保养燃油系统和点火系统

姓名		班级	
学时		日期	
成绩		教师签名	
案例导入	王技师在对车辆维修时发现车辆积碳严重，怀疑是客户使用车辆时没有注意保养。在对车辆的维修或保养工作中，你需要对燃油系统进行检查，并更换燃油滤清器		
任务目标	知识	1．掌握燃油系统粗滤清器和细滤清器的更换方法； 2．掌握模块化燃油滤清器的检查与更换方法； 3．掌握火花塞的检查方法	
	技能	1．能够正确完成粗滤清器和细滤清器的更换； 2．能正确完成模块化燃油滤清器的检查和更换； 3．能正确完成火花塞的检查和更换	
	素养	1．树立安全操作意识； 2．树立以客户为中心的服务意识	

3.6.2　任务准备

1．实训车辆 4 台、常用工具 4 套（套筒扳手组件、扳手、螺钉旋具、扭矩扳手组件）、燃油粗/细滤清器各 4 个、火花塞专用工具若干、风枪 4 把、火花塞 4 个、滤芯扳手 4 个、绒布若干。

2．媒体资源、文档资源。

3.6.3　任务实施

说明：通过查询"参考信息"、文档资源、媒体资源等，完成以下工作任务。

检查与保养燃油系统和点火系统

1．按照下列步骤完成实训车辆燃油系统粗滤清器的检查及更换。 ① 每行驶 2 500km，及时排水。　　　　　　　　　　　　　　　□完成 ② 每行驶 3 万千米时，更换粗滤清器，根据油品情况适当缩短使用里程。　□完成 ③ 更换时，用专用扳手拆下粗滤清器芯，换装新粗滤清器芯。　　　　□完成 ④ 装配时，先在密封垫表面涂一层机油，接着用手轻轻将粗滤清器旋紧在底座上后，再旋入 3/4 圈（10～12N·m），然后旋紧放水螺塞。　　　　　　　　□完成

⑤ 装配完毕后，拧开放气螺塞，按动手油泵使粗滤清器内充满燃油，保证各密封部位不漏油，必要时更换新密封垫，最后拧紧放气螺塞。　　　　　　　　　□完成

2. 完成实训车辆模块化燃油滤清器的更换，记录更换步骤。

_____

_____

_____

_____

_____

3. 火花塞检查的内容有哪些？

_____

_____

_____

4. 完成实训车辆火花塞的检查和更换，记录更换步骤。

_____

_____

_____

_____

5. 完成实训场地 6S 管理。

3.6.4　参考信息

1．检查、保养燃油系统

燃油滤清器主要用来过滤燃油中的杂质及水分，如其工作异常，可能导致发动机性能下降、喷油器异常磨损等。维修工作中，需要定期对其进行维护或更换。

（1）燃油粗滤清器的更换

燃油粗滤清器的检查及更换步骤如下。

① 每行驶 2 500km，及时排水。

② 每行驶 6 万千米时，更换粗滤清器，根据油品情况适当缩短更换里程。

③ 如图 3-6-1 所示，更换时，用专用扳手拆下粗滤清器芯，换装新粗滤清器芯。

④ 如图 3-6-2 所示，装配时，先在密封垫表面涂一层机油，接着用手轻轻将粗滤清器旋紧在底座上后，再旋入 3/4 圈（10～12N·m），然后旋紧放水螺塞。

⑤ 如图 3-6-3 所示，装配完毕后，拧开放气螺塞，按动手油泵使粗滤清器内充满燃油，保证各密封部位不漏油，必要时更换新密封垫，最后拧紧放气螺塞。

（2）燃油细滤清器的更换

① 燃油细滤清器对保证喷油泵和喷油器的正常工作起着重要作用，必须及时维护。如果发现细滤清器不过油，必须及时拆检、更换新细滤清器。

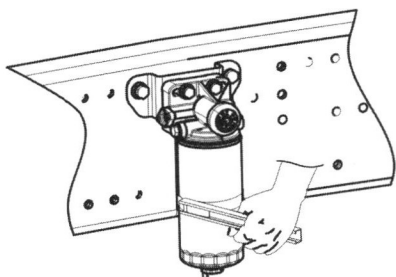

图 3-6-1　拆卸燃油粗滤清器芯

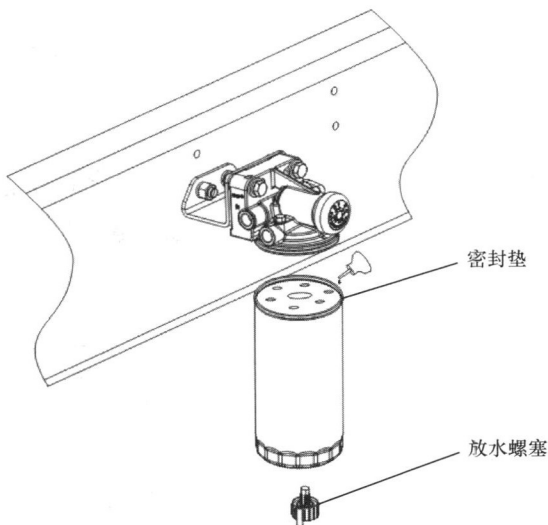

图 3-6-2　装配燃油粗滤清器

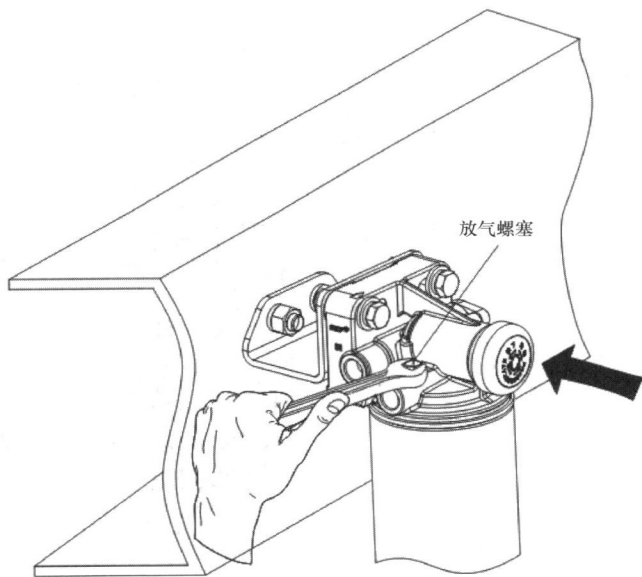

图 3-6-3　燃油粗滤清器放气

②　如图 3-6-4 所示，更换燃油粗滤清器的同时应更换燃油细滤清器，根据油品情况适当缩短使用里程。更换新细滤清器时，先在密封垫表面涂少许润滑油，再将其旋装在底座上，并按照规定力矩拧紧。

注意：装配时，不要漏装密封垫并注意检查各密封垫的完好性，如有损坏应及时更换。

（3）模块化燃油滤清器的检查与更换

部分车型配置有模块化燃油滤清器，其检查与更换方法如下。

①　图 3-6-5 所示为模块化燃油滤清器总成，每天或必要时检查集水杯有无积水并放水，放水时拧开集水杯底部放水螺栓，集水杯中的杂质和水放净后，即可拧上放水螺栓，拧紧力矩为 3～4N·m。

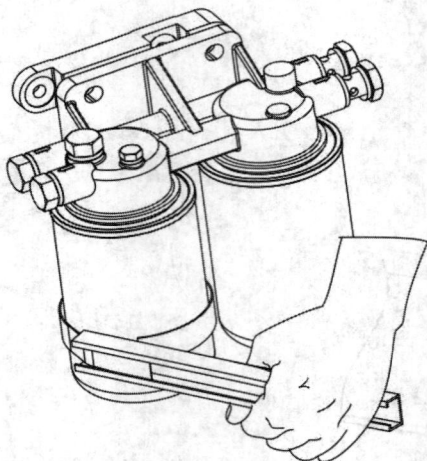

图 3-6-4 更换燃油细滤清器

② 每行驶 10 万千米时，需更换模块化燃油滤清器滤芯，根据油品质量适当缩短使用里程。

③ 图 3-6-6 所示为模块化燃油滤清器结构，更换时，先拧开总成顶端的放气螺塞 1，待燃油排空后用专用扳手拆下上盖总成 2，拆下上盖总成上的旧密封垫，换装新密封垫 3，拆下旧滤芯，换装新滤芯 4。装配时，先在密封垫 3 表面涂一层机油，接着用手轻轻将滤芯旋紧在主壳体上后，再以 55～60N·m 的力矩拧紧上盖总成。

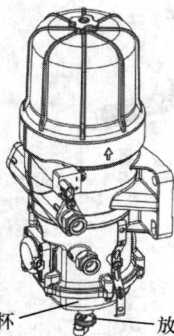

集水杯   放水螺栓

图 3-6-5 模块化燃油滤清器总成

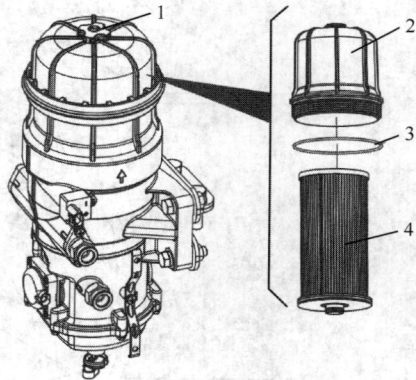

1—放气螺塞；2—上盖总成；3—密封垫；4—新滤芯

图 3-6-6 模块化燃油滤清器结构

④ 装配完毕后，将整车电源置于 ON 挡，起动电动泵，使模块化燃油滤清器内充入燃油，并检查确认各密封部位不漏油。

2. 检查与保养点火系统

对于燃油发动机，点火系统的工作质量直接影响发动机的性能，因此对发动机点火系统的检查与保养是非常重要的。

火花塞的检查与更换

① 发动机为熄火状态，待发动机温度降低（低于 60℃）后，拆卸点火线圈线束连接器及点火线圈。

注意：拆卸点火线圈时，需要对点火线圈周围进行清洁。

② 使用合适的火花塞拆卸工具，拆卸火花塞并取出。拆卸时要避免异物进入发动机。

③ 图 3-6-7 所示为火花塞实物，检查火花塞电极是否存在异常烧蚀、间隙是否正常、陶瓷体有无开裂等，如有异常应进行更换。

注意：拆卸火花塞之前需要使用高压空气或者风枪对火花塞孔处进行清洁。

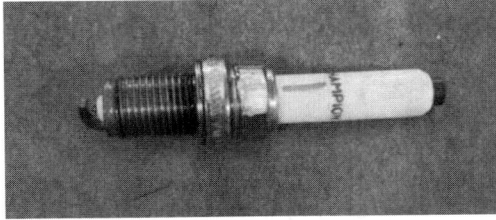
图 3-6-7　火花塞实物

④ 取出新的火花塞，将火花塞的接线端插入合适的橡胶管中（通常可借助原车点火线圈进行安装）。

⑤ 沿着火花塞孔壁滑入到火花塞螺纹孔处，旋转橡胶软管，手动将火花塞扭转进螺纹中。

⑥ 使用火花塞紧固工具将火花塞紧固至标准扭矩，按照拆卸顺序的倒序将相关附件进行安装。

⑦ 安装完成后，起动发动机检查运转状况。

学生笔记：

_____

_____

_____

_____

_____

_____

_____

_____

模块 4
检查与保养传动系统

|任务 4.1　检查与保养离合系统|

4.1.1　任务信息

任务 4.1　检查与保养离合系统

姓名		班级	
学时		日期	
成绩		教师签名	
案例导入	小王是一位新入职的服务站维修技师，对车辆的维护保养内容及流程不熟悉。如果你是一位经验丰富的维修技师，你如何帮助小王正确完成车辆离合系统的检查和保养		
任务目标	知识	1. 掌握离合器油液的液位和品质的检查方法； 2. 掌握离合器油液的更换与排气的方法； 3. 掌握检查和调整离合器踏板的方法； 4. 掌握离合器从动盘磨损检查的方法	
	技能	1. 能够正确检查离合器油液的液位和品质； 2. 能够按规范流程完成离合器油液的更换与排气； 3. 能够正确检查和调整离合器踏板	
	素养	1. 树立安全操作意识； 2. 树立职业规范意识； 3. 具有团队协作精神	

4.1.2　任务准备

1. 实训车辆 4 台，离合器油液抽油设备 4 套，离合器油液含水量检查专用设备 4 台，接油装置 4 个，常用工具 4 套，离合器油液、挡块若干，维修手册 4 套。

2. 媒体资源、文档资源。

4.1.3　任务实施

说明：通过查询"参考信息"、文档资源、媒体资源等，完成以下工作任务。

检查与保养离合系统

1．实训车辆离合器油液液位检查。

（1）检查实训车辆的离合器油液液位是否正常。□正常　□高于上限　□低于下限

（2）如离合器油液液位低于下限应该如何处理？

_____

_____

_____

2．用离合器油液含水量检查专用设备检查实训车辆的离合器油液含水量。

（1）专用设备指示灯颜色为_____。

（2）该车离合油液是否需要更换？□需要　　□不需要

3．以下是离合器油液更换的步骤，已将更换步骤顺序打乱，需将正确的更换步骤顺序在方框中用数字标出来。

□在离合器油储液罐中添加新的油液至规定液位。

□拧开离合排气螺栓，依靠重力排出离合器管路中旧的油液，并随时补充新的油液，避免油液流净。

□待排气螺栓流出的油液清澈、无气泡后，将放气螺栓进行紧固。

□车辆停在合适工位。

□用专用设备尽可能多地抽出离合器油储液罐中旧的油液（不要拆油壶中的滤网），添加新的离合器油液至标准液位。

4．根据下图回答以下问题。

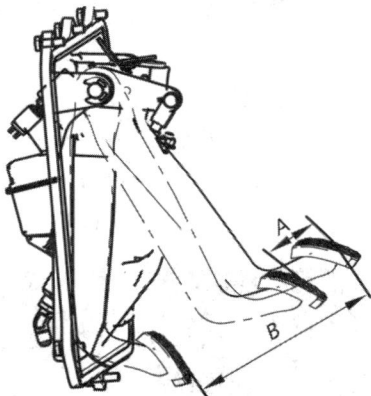

（1）图中 A 指_____，其范围为_____，实训车辆的实测值为_____，是否需要调整：_____。

（2）图中 B 指_____，其范围为_____，实训车辆的实测值为_____，是否需要调整：_____。

（3）离合器踏板自由行程超过正常范围，有何影响？如何调整？

_____

_____

_____

（4）离合器踏板高度超过正常范围，有何影响？如何调整？

_____

_____

_____

5．根据下图回答以下问题。

（1）图中 A 所表示的含义为_____。

（2）实训车辆 A 的测量值为：_____，查询维修手册，实训车辆的从动盘是否需要更换：_____。

6．简述离合器的排气方法，并完成实训车辆排气任务。

_____

_____

7．进行实训场地 6S 管理。

4.1.4　参考信息

1．离合器油液液位检查

每次进行日常检查和定期保养时，都需要对离合器油液液位进行检查，检查方法参考如下。

图 4-1-1 所示为离合器油储液罐位置，目视检查油液液面是否处于上限刻度线与下限刻度线之间，如果油液液位低于下限刻度线，不要立即进行添加，需执行以下操作。

图 4-1-1　离合器油储液罐位置

① 检查离合器系统是否有渗漏，如果有渗漏需进行相应的检修。

② 检查从动盘磨损程度，如果从动盘磨损严重，则更换从动盘后再次检查液位。

如上述检查无异常，对液位进行补充。

2. 离合器油液品质检查

离合器油液的状态会影响离合器的工作性能，因此需要定期进行检查。

（1）目视检查

观察离合器油液有无混浊、脏污，如有则进行更换。

（2）专用设备检查

图 4-1-2 所示为离合器油液含水量检查专用设备。检测时，如果该设备指示灯为绿色，表明离合器油液品质良好，可继续使用；如果为黄色，表明油液中有少量水分，建议用户更换；如果红色指示灯点亮，说明离合器油液含水量过多，必须更换。

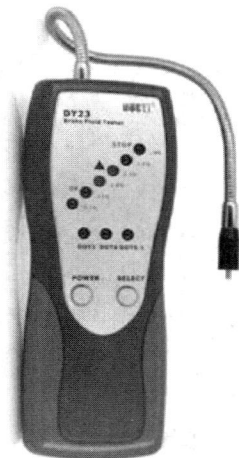

图 4-1-2　离合器油液含水量检查专用设备

注意：

① 在拧开离合器储液罐加注口盖前，务必将其周围擦干净，避免打开盖时灰尘进入储液罐。

② 每次打开离合器储液罐加注口盖，检查完毕后应该迅速拧紧，减少空气中的水分进入离合器油液中。

3. 离合器油液更换

当离合器油液（与普通车型制动液相同）达到使用周期或受到污染导致浑浊、性能下降时，需要按照要求进行更换，更换方法参考如下。

① 车辆停在合适工位。

② 用专用的离合器油液抽油设备尽可能多地抽出离合器油储液罐中旧的油液（不要拆储液罐中的滤网），添加新的离合器油液至标准液位。

③ 拧开离合器的排气螺栓（见图 4-1-3），依靠重力排出离合器管路中旧的油液，并随时补充新的油液，避免油液流净。

④ 待排气螺栓流出的油液清澈、无气泡后，将放气螺栓进行紧固。

⑤ 最后，在储液罐中添加新的油液至规定液位。

图 4-1-3　排气螺栓

操作中应注意以下事项。

① 做好油液的回收，防止污染。完成油液的更换后，需要确认离合器性能，并根据实际情况做好离合系统的排气。

② 离合器油液具有易吸水性，因此不要长时间暴露于空气中，否则油液会吸收空气中水分，导致离合性能下降。维修完毕后要及时拧紧储液罐加注口盖。

4. 离合器系统排气

维修离合器系统相关部件或更换离合器油液时，离合系统部件或管路中可能存在空气，需要对离合器进行排气操作，排气方法参考如下。

① 如图 4-1-4 所示，连续踩几次离合器踏板，然后将踏板踩到底，保持不动。

② 松开排气塞，使离合器系统内空气与油液一同排出，然后拧紧排气塞（拧紧力矩 25～30N·m）。

③ 重复第①、②步的操作，直至排气孔流出的油液无气泡为止。

注意：排气操作过程中，注意及时补充油液。

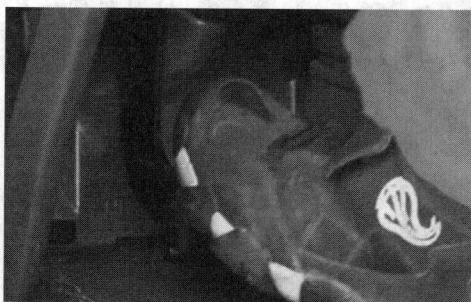

图 4-1-4　离合器排气操作

5. 离合器踏板检查与调整

在对车辆进行维修时，可以通过检查离合器踏板状态，判断离合系统是否存在故障，通常需要检查以下内容。

（1）离合器踏板异响检查

检查离合器踏板工作时有无异响，如有异响，需要对踏板固定轴等部位进行润滑或调整。

（2）离合器踏板行程检查

如图 4-1-5 所示，踏板自由行程 A 为 1～5mm，离合器踏板总行程 B 为 120～130mm，自由行程过小可能导致离合器打滑，过大可能导致踩离合器时离合器踏板过低，自由行程异常需要调整或维修。

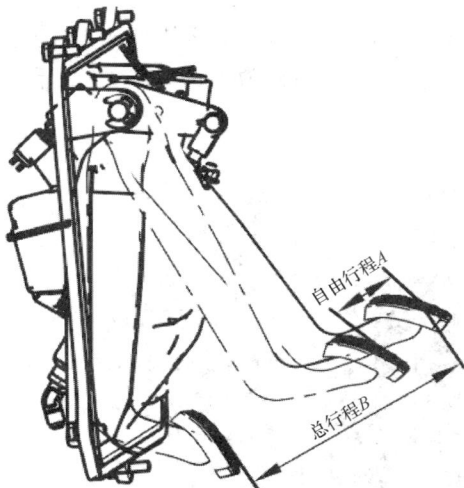

图 4-1-5　离合器踏板行程检查

（3）离合器踏板的调整

① 离合器踏板高度调整的方法参考如下。

松开离合器开关调整螺母（见图 4-1-6），旋转离合器开关总成可调节离合器踏板总成高度，向内旋转离合器开关总成可降低离合器踏板面初始高度，向外旋转离合器开关总成可提高离合器踏板面初始高度。离合器踏板高度调整完毕后，须紧固离合器开关调整螺母。离合器开关总成每调整一个螺距，离合器踏板总成高度可调节约 6mm。

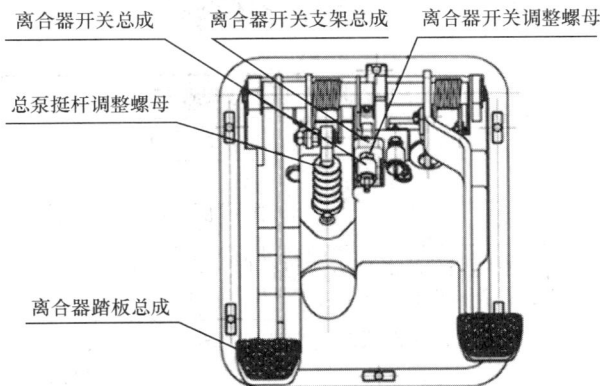

图 4-1-6　离合器踏板

② 离合器踏板自由行程调整的方法参考如下。

松开总泵挺杆调整螺母（见图 4-1-6），通过调整总泵挺杆长度，可调节离合器踏板自由行程。向上调整挺杆（增加挺杆长度），自由行程变大；向下调整挺杆（减小挺杆长度），自由行程变小。自由行程小，有效行程大；自由行程大，则有效行程小。

6. 从动盘磨损状态检查

由于各种工程车辆的工况恶劣，离合器从动盘磨损速度较快，虽然用户不能很明显地感觉到发动机丢转现象（从动盘磨损严重），但磨损指示器可以清晰地提醒用户当前从动盘的磨损状况，进而有效避免从动盘磨损过度导致出现从动盘铆钉损坏飞轮的现象。随着从动盘的磨损，磨损指示杆被顶出，当垫片距离底部一定值时（见图 4-1-7），提示用户应更换从动盘。例如，配置 12TAX 手动变速器的一汽解放 J6P 车型，当垫片与底部的距离达到 26mm 时，则需更换从动盘。

图 4-1-7 磨损指示杆被顶出距离

|任务 4.2 检查与保养手动变速器|

4.2.1 任务信息

任务 4.2 检查与保养手动变速器

姓名		班级	
学时		日期	
成绩		教师签名	
案例导入		客户李先生驾驶车辆到服务站进行保养。你是服务站的一位技师，需要完成手动变速器的保养检查	
任务目标	知识	1．了解手动变速器外观检查的项目； 2．掌握手动变速器润滑油的类型及更换周期； 3．掌握手动变速器润滑油液位检查方法	
	技能	1．能够规范地对手动变速器进行基本检查； 2．能够按照规范正确完成手动变速器润滑油的更换	
	素养	1．树立安全操作意识、6S 管理意识； 2．树立职业规范意识； 3．树立对客户负责的责任意识	

4.2.2　任务准备

1．实训车辆 4 台、加注机 4 台、集油器 4 个、常用工具 4 套（套筒扳手组件、扭矩扳手、钳子组件）、放油螺塞 4 个、垫片 4 个、手动变速器油、清洁剂若干、挡块若干。

2．媒体资源、文档资源。

4.2.3　任务实施

说明：通过查询"参考信息"、文档资源、媒体资源等，完成以下工作任务。

检查与保养手动变速器

1．实训车辆手动变速器的基本检查。

（1）检查手动变速器的通气孔帽（手动变速器上方）是否堵塞。　　□是　□否

（2）检查手动变速器的外观是否有漏油、渗油的痕迹。　　□是　□否

（3）检查手动变速器的外观是否有严重磕碰、变形。　　□是　□否

（4）检查并紧固手动变速器与发动机的连接螺栓是否松动。　　□是　□否

（5）检查手动变速器悬置的连接螺栓是否松动。　　□是　□否

2．手动变速器润滑油有＿＿＿＿＿＿＿＿和＿＿＿＿＿＿＿＿两种类型，采用前一种类型润滑油的车辆，手动变速器润滑油的更换周期是＿＿＿＿＿＿＿＿＿＿＿＿＿＿＿＿；采用后一种类型润滑油的车辆，手动变速器润滑油的更换周期是＿＿＿＿＿＿＿＿＿＿＿＿＿＿＿＿＿＿＿＿＿＿。

3．实训车辆手动变速器齿轮油液位的检查。

（1）使用合适的工具拆下变速器油加注螺塞，观察手动变速器油是否与加油孔平齐。

　　□是　□否

（2）如果手动变速器油液位过低，可能有哪些影响？

＿＿＿＿＿＿＿＿＿＿＿＿＿＿＿＿＿＿＿＿＿＿＿＿＿＿＿＿＿＿＿

＿＿＿＿＿＿＿＿＿＿＿＿＿＿＿＿＿＿＿＿＿＿＿＿＿＿＿＿＿＿＿

＿＿＿＿＿＿＿＿＿＿＿＿＿＿＿＿＿＿＿＿＿＿＿＿＿＿＿＿＿＿＿

4．以下为车辆手动变速器齿轮油更换过程，已将操作步骤顺序打乱，需将正确的步骤顺序在方框中用数字标出来,并按照正确的顺序完成实训车辆手动变速器齿轮油的更换。

□安装放油螺塞和新的垫片，并紧固至规定力矩。

□将手动变速器油加入加注机，从手动变速器油加注口加注手动变速器油。

□将手动变速器油排放集油器放置在合适位置，使用合适的工具拆下变速器放油螺塞，将手动变速器内的齿轮油放出。

□当手动变速器油与加油口平齐时，停止加注，待齿轮油呈滴状流淌时，安装加注螺塞并紧固至规定力矩。

5．进行实训场地 6S 管理。

4.2.4　参考信息

手动变速器保养包括变速器外观检查、手动变速器油液更换等内容。下面以 CA12TAX230M 型手动变速器为例进行学习。

1. 手动变速器外观检查

图 4-2-1 所示为手动变速器外观。变速器外观检查包括目视检查手动变速器的外观是否有漏油、渗油的痕迹，目视手动变速器的壳体有无损伤、变形，检查手动变速器的通气孔有无脏污、堵塞等，如有异常应及时进行检修。

图 4-2-1　手动变速器外观

2. 油液检查和更换周期

手动变速器润滑油有长换油型和非长换油型两种，根据变速器的具体型号选择对应的润滑油，不同类型润滑油的检查及更换周期不同。

（1）长换油型润滑油

汽车每行驶 1 万千米，应检查润滑油的油面高度和泄漏情况，并随时进行补充。新车行驶 6 万千米或 12 个月时需更换二次润滑油，以后每行驶 10 万千米或 12 个月时应更换一次（10 挡、12 挡）。80W/90 GL-5 或 85W/90 GL-5 为重负荷车辆长换油型齿轮润滑油。

（2）非长换油型润滑油

汽车每行驶 1 万千米，应检查润滑油的油面高度和泄漏情况，并随时进行补充。换油时必须先放尽变速器内的润滑油，再添加新润滑油。新车磨合结束（行驶 2 500km）时更换一次润滑油，以后每行驶 5 万千米时应更换一次。

3. 手动变速器油液液位检查

在车辆水平静置状态，使用合适的工具拆卸检查孔（加注孔）螺栓，正常油液应从检查孔呈滴状流出或液位与检查孔平齐，否则说明变速器油液缺失，应进行补充。

4. 手动变速器油液更换

手动变速器油液的颜色异常、杂质较多或达到更换周期后，需进行更换，更换方法参考如下。

① 热车状态时，将车辆停放在合适的工位，地面要求水平，拆卸放油螺塞，清理放油螺塞上吸附的杂质。

② 放尽手动变速器内的润滑油。

③ 疏通通气塞。

④ 使用加注机添加新润滑油，至加油孔（检查孔）溢油时止。

注意：更换润滑油时，需按照车型要求选择对应型号的产品，否则可能导致严重的机械故障。

|任务 4.3　检查与保养自动变速器|

4.3.1　任务信息

任务 4.3　检查与保养自动变速器

姓名		班级	
学时		日期	
成绩		教师签名	
案例导入		一辆自动挡牵引车到服务站做保养，学徒小王对自动变速器的保养操作不熟悉，你作为经验丰富的维修技师，如何指导小王完成自动变速器的保养	
任务目标	知识	掌握自动变速器的检查项目	
	技能	1. 能够正确完成变速器选换挡执行器的检查； 2. 能够遵照维修手册完成对 AMT 储气筒的检查和维护	
	素养	1. 树立安全操作意识、6S 管理意识； 2. 培养职业规范意识； 3. 养成严谨细致的工作态度	

4.3.2　任务准备

1．实训车辆 4 台、自动变速器台架 4 个、常用工具 4 套、维修手册 4 套。

2．媒体资源、文档资源。

4.3.3　任务实施

说明：通过查询"参考信息"、文档资源、媒体资源等，完成以下工作任务。

检查与保养自动变速器

1．检查实训车辆选换挡执行机构总成上通气塞是否损坏或者丢失。　　□是　　□否

2．下图为 AMT（电控机械式自动变速器）储气筒，根据该图回答以下问题。

（1）箭头所指部件的用途是什么？_____

（2）AMT 储气筒需要每几周放一次水？　□1 周　　□2 周　　□3 周

（3）检查实训车辆气源管路是否漏气。　□漏气　　□不漏气

3．进行实训场地 6S 管理。

4.3.4　参考信息

以一汽解放车辆为例，目前使用的自动变速器型号为 CA12TAX210A1，在 J6 和 J7 车型上均有使用。CA12TAX210A1 与 CA12TAX230M 内部齿轮机构相近，手动变速器油液更换周期及检查方法不再细述，具体请查看相应维修手册。下面针对 AMT 储气筒的基本检查和注意事项进行讲解。

在进行自动变速器的保养时，除要进行手动变速器相关检查之外，还要检查选换挡执行器总成上的通气塞（见图 4-3-1），如损坏或丢失，需进行更换或安装。

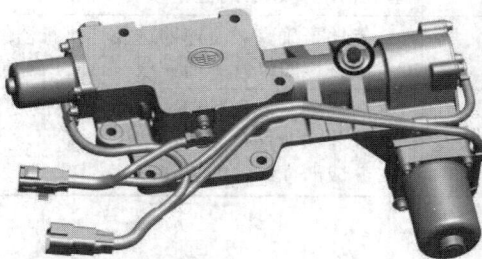

图 4-3-1　选换挡执行器总成上的通气塞

AMT 储气筒中若有水或杂质，易引起 AMT 系统关键部件气路堵塞。AMT 储气筒需要每周放一次水，如图 4-3-2 所示，向上推动放水环即可实现放水。

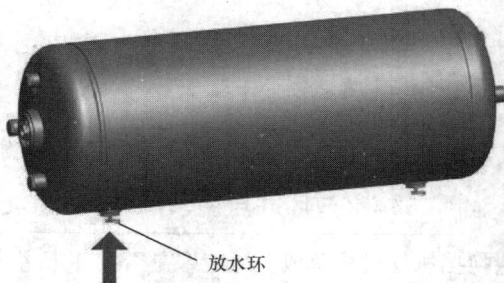

放水环

图 4-3-2　AMT 储气筒放水环

CA12TAX210A1 系统中的离合器执行器、中间轴制动器和副箱气缸的动力源为整车气源，气源泄漏会导致无法换挡，日常使用中，要经常检查系统管路是否漏气。CA12TAX210A1 系统中的选换挡电动机、传感器和电磁阀由 TCU（自动变速箱控制单元）供电，使用或维修时要小心操作，以免碰坏线束、传感器和电磁阀。

| 任务 4.4　检查与保养传动轴和驱动桥 |

4.4.1　任务信息

任务 4.4　检查与保养传动轴和驱动桥

姓名		班级	
学时		日期	
成绩		教师签名	
案例导入		技师小赵在进行车辆保养时，对传动轴和驱动桥的检查项目和保养项目不熟悉，你作为一位经验丰富的维修技师，如何指导小赵正确规范地完成对传动轴和驱动桥的检查和保养	
任务目标	知识	1. 掌握传动轴的检查与维护项目； 2. 掌握驱动桥的保养维护项目	
	技能	1. 能够正确规范地对传动轴进行基本检查； 2. 能够正确规范地对传动轴进行维护； 3. 能够正确规范地对驱动桥进行基本检查； 4. 能够正确规范地更换驱动桥润滑油	
	素养	1. 树立安全操作意识、6S 管理意识； 2. 树立职业规范意识； 3. 树立对客户负责的责任意识	

4.4.2　任务准备

1．实训车辆 4 台、常用工具 4 套、润滑油加注枪 4 把、加注机 4 台、齿轮油回收设备 4 台、放油螺栓 4 个、垫片 4 个、润滑脂若干、驱动桥润滑油、绒布。

2．媒体资源、文档资源。

4.4.3　任务实施

说明：通过查询"参考信息"、文档资源、媒体资源等，完成以下工作任务。

检查与保养传动轴和驱动桥

> 1．完成对实训车辆传动轴的检查和维护，记录检查结果。
> ① 目视检查后桥与传动轴连接法兰接合面，是否有油液渗漏。　　　　□是　　□否

② 目视检查油封是否压偏或压装不到位。　　　　　　　□是　　□否
③ 目视检查传动轴相关位置是否有异物缠绕。　　　　　　□是　　□否
④ 目视检查传动轴是否有弯曲、破裂现象。　　　　　　　□是　　□否
⑤ 目视检查中间支撑胶套是否开裂、破损。　　　　　　　□是　　□否
⑥ 用手晃动传动轴，检查十字轴是否有异常磨损晃动。　　□是　　□否
⑦ 目视检查每个驱动桥上面的加注口帽是否脱落。　　　　□是　　□否
⑧ 检查传动轴螺栓是否紧固至标准力矩。　　　　　　　　□是　　□否

2. 完成对实训车辆驱动桥的检查和维护，记录检查结果。
① 目视检查驱动桥的壳体是否存在密封不严、渗油的现象。　　□是　　□否
② 目视检查驱动桥的外表是否存在磕碰、裂痕。　　　　　　　□是　　□否
③ 目视检查驱动桥的通气管是否脱落、堵塞。　　　　　　　　□是　　□否
④ 车辆水平放置，拆开油液观察孔螺栓，观察油液是否从检查孔呈滴状流出。
　　　　　　　　　　　　　　　　　　　　　　　　　　　　□是　　□否
⑤ 观察驱动桥油液的状态，油液颜色是否改变过大或存在焦煳味、含有杂质。
　　　　　　　　　　　　　　　　　　　　　　　　　　　　□是　　□否

3. 实训车辆驱动桥采用的润滑油类型为＿＿＿＿＿＿＿＿＿＿＿，该车的润滑油更换周期为＿＿＿＿＿＿＿＿＿＿＿＿＿＿＿＿＿＿＿＿＿＿＿＿＿＿＿＿。

4. 以下为车辆驱动桥润滑油的更换过程，已将正确的操作步骤顺序打乱，需将正确的步骤顺序在方框中用数字标出来，并按照正确的顺序完成实训车辆驱动桥润滑油的更换。

□按照标准力矩拧紧放油螺栓，清理齿轮箱下方油渍，放油完成。

□用加油设备（润滑油加注枪）通过加注孔加注齿轮油，直至向外流淌后停止加注，待齿轮油呈线状流淌时，说明齿轮油液位合适，按照标准力矩拧紧加注螺栓。

□车辆停至合适工位，确保地面水平，放置齿轮油回收设备，松开放油螺栓，齿轮油自动流出。

□车辆处于热车状态。

□待齿轮油流完后，重新旋紧放油螺栓，注意螺栓密封垫的更换和装入。

5. 进行实训场地 6S 管理。

4.4.4　参考信息

1. 传动轴的检查与维护

（1）外观检查
① 目视检查后桥与传动轴连接法兰接合面是否有油液渗漏，如有应及时进行检修。
② 目视检查油封是否存在压偏或压装不到位，如有异常应及时进行检修。
③ 目视检查传动轴相关位置是否有异物缠绕等，如有应及时清理。
④ 如图 4-4-1 所示，目视检查传动轴是否有弯曲、破裂现象，如有应进行更换或检修。
⑤ 目视检查中间支撑胶套是否开裂、破损，如有应更换传动轴总成。
⑥ 如图 4-4-2 所示，用手晃动传动轴，检查十字轴是否有异常磨损、晃动，如有应检修或更换传动轴。

图 4-4-1 传动轴检查

传动轴的检查
与维护

图 4-4-2 检查十字轴是否有异常磨损、晃动

（2）润滑及紧固

① 如图 4-4-3 所示，目视检查每个驱动桥上面的加注口帽是否脱落并清理加注口的灰尘，一般每 5 万千米或 1 个月，要求向传动轴十字轴加注润滑脂。

图 4-4-3 目视检查加注口帽

② 如图 4-4-4 所示，检查并紧固传动轴螺栓至标准力矩。

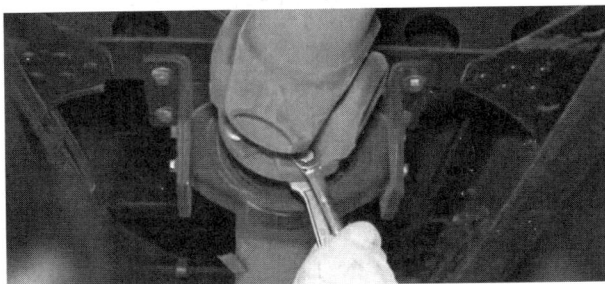

图 4-4-4 检查并紧固传动轴螺栓

2. 驱动桥的保养与维护

驱动桥是否能够正常工作，直接决定了车辆是否能够正常行驶。为了保证车辆的使用性能，必须定期对驱动桥进行维护检查。齿轮油缺失或性能变差，将会导致齿轮润滑异常，磨损加重。

（1）外观检查

① 目视检查驱动桥的壳体是否存在密封不严、渗油的现象，如有应及时处理。

② 目视检查驱动桥外表是否存在磕碰、裂痕，如有应及时进行维修处理。

③ 如图 4-4-5 所示，目视检查驱动桥通气管是否脱落、堵塞，如有应及时进行调整或清理。

驱动桥保养
维护

图 4-4-5　检查驱动桥通气管

（2）液面及油质检查

① 车辆水平放置，拆开油液观察孔螺栓，当油液从检查孔呈滴状流出时，说明驱动桥油液无缺失。

② 如图 4-4-6 所示，观察驱动桥油液的状态，如果油液颜色改变过大或存在焦煳味、含有杂质，说明齿轮油异常或驱动桥存在异常磨损，需进行检修。

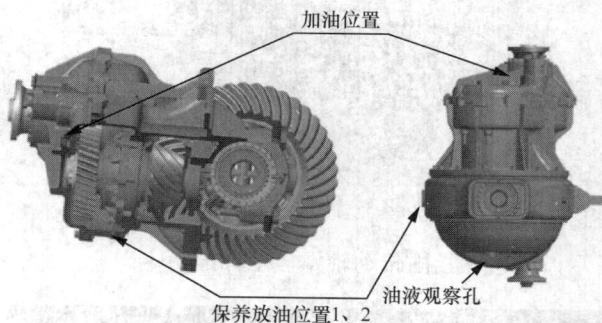

加油位置

保养放油位置1、2　油液观察孔

图 4-4-6　液面及油质检查

（3）油液的检查及更换周期

驱动桥润滑油分为长换油型和非长换油型，其检查或更换周期参考如下。

① 非长换油型润滑油检查或更换周期。汽车每行驶 1 万千米，应检查润滑油的油面高度和泄漏情况，并随时进行补充。如图 4-4-7 所示，新车行驶 2 500km 时更换一次驱动桥润滑油，公路车以后每行驶 5 万千米或 12 个月时更换一次；非公路车以后每行驶 2 万千米或12 个月时更换。80W/90 GL-5 为重负荷车辆齿轮油。

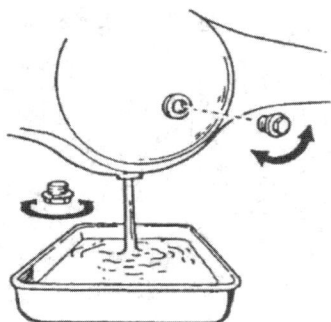

图 4-4-7 驱动桥润滑油更换

② 长换油型润滑油的检查或更换周期：汽车每行驶 1 万千米，应检查润滑油的油面高度和泄漏情况，有需要可随时进行补充。

③ 冲焊桥润滑油的更换周期：新车行驶 6 万千米时更换，以后每行驶 10 万千米或 12 个月时更换一次。

④ 铸造桥润滑油的更换周期：新车行驶 2 500km 时更换，以后每行驶 5 万千米或 12 个月时更换一次。

（4）油液的更换

车辆在使用过程中，需要根据行驶里程，定期对驱动桥进行齿轮油更换保养，如图 4-4-8 所示，齿轮油的排放方法如下。

① 使车辆处于热车状态。

② 车辆停至合适工位，地面应水平，放置齿轮油回收设备，松开放油螺栓，齿轮油自动流出。

③ 待齿轮油流完后，重新旋紧放油螺栓，注意螺栓密封垫的更换和装入。

④ 按照标准力矩拧紧放油螺栓，清理齿轮箱下方油渍，放油完成。

注意：装回放油螺栓时，务必注意螺栓垫片的更换，否则可能导致放油螺栓渗油问题。

图 4-4-8 更换驱动桥齿轮油

齿轮油加注及液位检查标准如下。

① 如图 4-4-9 所示，用加注机通过加注孔加注齿轮油，直至向外流淌后停止加注，待齿轮油呈线状流淌，说明齿轮液位合适。按照标准力矩拧紧加注螺栓。

② 日常检查液位时，松开加注孔，用小拇指能够感受到齿轮油液位，说明液位正常。

注意：

① 检查齿轮油液位时，需要车辆保持平稳，否则可能导致齿轮油液位检查不准确。

② 目前大多车型以齿轮油加注孔的高度为液位标准，个别车型有所区别，应以实车为准。

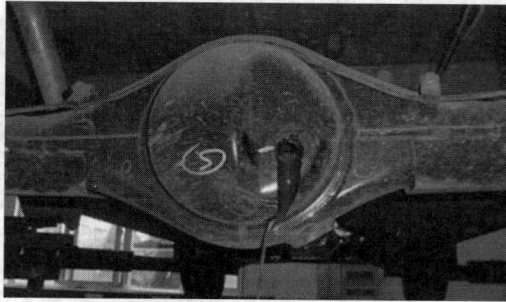

图 4-4-9　齿轮油加注及液位检查标准

学生笔记：

_____

_____

_____

_____

_____

_____

_____

模块 5
检查与保养行驶和操纵系统

|任务 5.1　检查与保养行驶系统|

5.1.1　任务信息

任务 5.1　检查与保养行驶系统

姓名		班级	
学时		日期	
成绩		教师签名	
案例导入	一位客户在运输货物的路程中，每次经过减速带或坑洼路面时就会听到底盘有"咯噔"的响声传来，而且在平坦路面行驶时速度到达一定值后，转向盘会发生抖动还伴有敲击的声音，在服务站进行维修后发现车辆四轮定位不准，减振器也有漏油的现象。在与该客户沟通中了解到他已经很久没有对车辆的行驶系统进行检查了，作为一名维修技师，你需要向客户普及行驶系统的检查与保养的相关知识		
任务目标	知识	1．熟知悬架系统各部件的检查与保养方法； 2．熟知车辆轮毂的检查与保养方法； 3．了解车辆轮毂轴承的检查与保养方法； 4．熟知轮胎的检查与保养方法； 5．熟记车辆底盘螺栓扭矩与螺栓位置	
	技能	1．能够独立对车辆悬架系统各部件进行检查，并能够根据检查结果做出正确的判断； 2．能够对车辆轮毂进行正确规范的检查和维护； 3．能够对车辆轮胎进行检查，包括轮胎外观、胎压等，并根据检查结果进行正确的分析，同时制订合理的保养方案； 4．能够根据车辆维护手册进行正确的轮胎换位操作； 5．能够选用合适的工具对车辆底盘螺栓进行扭矩校准	
	素养	1．树立安全操作意识、6S 管理意识； 2．具有职业规范意识及团队协作能力； 3．培养严谨细致的工作态度	

5.1.2　任务准备

1．实训车辆 4 台、维修工具 4 套、润滑油若干、支车凳 4 个、清洗剂若干、轮胎花纹深度规 4 个、胎压表 4 个、维修手册、挡块若干。

2．检查与保养悬架系统、检查与保养轮毂等的视频资源。

5.1.3　任务实施

说明：通过查阅"参考信息"、文档资源、媒体资源等方式完成以下工作任务。

检查与保养行驶系统

1．进行悬架系统的检查与保养，根据操作完成下表。

序号	检查项目	是否完成检查	
1	驾驶室减振器检查	是□	否□
2	气悬弹簧检查	是□	否□
3	钢板弹簧检查	是□	否□
4	后减振器的检查	是□	否□
5	稳定杆及胶套的检查	是□	否□

2．根据减振器外观检查情况图片，叙述如发生下图情况，应如何对减振器进行保养。

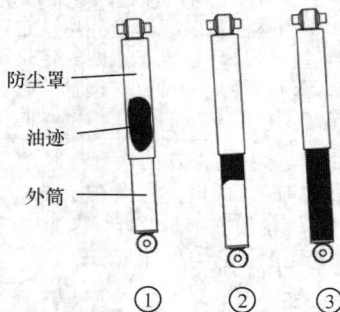

防尘罩　油迹　外筒　①　②　③

①＿＿＿＿＿＿＿＿＿＿＿＿＿＿＿＿＿＿＿＿＿＿＿＿＿＿＿＿＿＿＿＿＿

②＿＿＿＿＿＿＿＿＿＿＿＿＿＿＿＿＿＿＿＿＿＿＿＿＿＿＿＿＿＿＿＿＿

③＿＿＿＿＿＿＿＿＿＿＿＿＿＿＿＿＿＿＿＿＿＿＿＿＿＿＿＿＿＿＿＿＿

3．如轮毂润滑油油量不足，必须及时进行添加或补充：从＿＿＿＿＿＿＿＿＿＿注入润滑油，等润滑油完全注入后，通过轮毂盖上的＿＿＿＿＿＿检查油量是否正常，油面高度应达到加注线区域内，所用油料的型号是＿＿＿＿＿＿＿＿＿＿。

4．完善下列轮毂轴承检查的流程。

①　检查轮毂轴承时，首先将汽车受检轮毂一端车轮的车桥架起，用支车凳等用具把车安全地架好。

②　_____

③　_____

如以上检查异常，应对轮毂轴承进行相应的检查及维护。

5．根据下图写出轮胎各个状态产生的原因。

（a）_____

（b）_____

（c）_____

（d）_____

（e）_____

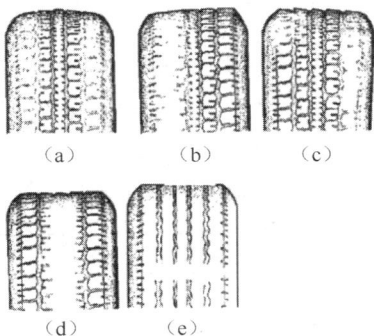

（a）　　　（b）　　　（c）

（d）　　　（e）

6．小组协作，进行轮胎外观和胎压的检查，并完成下表。

序号	轮胎检查要点	状态记录
1	胎侧状态	
2	胎面异物检查	
3	胎面磨损状态	
4	胎面清理	已清理□　　未清理□
5	胎纹深度	_____mm
6	胎压	_____bar（_____MPa）
7	轮辋	
8	轮胎生产日期	_____年_____周

7．根据下图画出轮胎换位的顺序图。

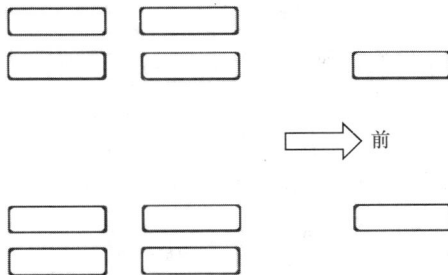

前

8．参照维修手册，完成实训车辆底盘螺栓力矩的检查和校准。

9．开展组内自评与组间互评。

评价记录：_____

_____

_____

_____

_____

10．现场整理清单。

序号	实施项目	维护方法	判断标准	是否合格
1	照明灯	目测/实施	不用时及时关闭	
2	座椅	目测/实施	一桌两椅，靠桌收拢	
3	窗户	目测/实施	干净无灰尘，人走窗户关闭	
4	窗台	目测/实施	干净无灰尘，无杂物	
5	遮阳帘	目测/实施	同一面上、下沿对齐	
6	地面	目测/实施	无垃圾、污渍	
7	车辆	目测/实施	停放整齐，驻车制动器拉起	
8	工具设备	目测/实施	摆放整齐，归位复原	

5.1.4　参考信息

1．检查与保养悬架系统

悬架系统是汽车的车架与车桥或车轮之间的一切传力连接装置的总称，其功能是传递作用在车轮和车架之间的力和力矩，缓冲由不平路面传给车架或车身的冲击力，并衰减由此引起的振动，以保证汽车平顺行驶，决定着汽车的稳定性、舒适性和安全性，是汽车中十分关键的部件之一。

车身悬架系统的检查包括驾驶室减振器、气悬弹簧和钢板弹簧等部件的检查。

（1）驾驶室减振器检查

日常检查和定期保养时，需对驾驶室减振器进行以下检查。

① 目视驾驶室左右高度是否一致，如不一致，应检查或维修悬架系统。

② 目视检查驾驶室 4 个角（有的车型为后面 2 个）的支撑气压减振器（见图 5-1-1）是否饱满，不能出现凹瘪的现象，否则需要检查气路。

③ 目视检查气压减振器外部橡胶层是否有破损、开裂的现象，如有应更换气压减振器。

驾驶室减振器检查

④ 目视检查驾驶室高度调节机构是否卡滞，是否能保证其灵活动作，同时检查调整机构防尘套是否有开裂或破损，如有应更换调整机构总成。

（2）气悬弹簧检查

有些车辆装备有气悬弹簧（见图 5-1-2），日常检查或定期保养时，需要对其进行以下检查。

图 5-1-1　支撑气压减振器

图 5-1-2　气悬弹簧

　　① 目视检查后部两个气悬弹簧的高度是否一致、是否饱满，不能出现凹瘪的现象，否则需要检查气路。

　　② 目视检查气悬弹簧外部橡胶层是否有破损、开裂的现象，如有应更换气悬弹簧。

　　③ 目视检查气悬弹簧供气管路连接是否可靠，气管是否有扭曲、损坏现象，如有应进行维修。

　　（3）钢板弹簧检查

　　全车钢板弹簧（见图 5-1-3）装备在多处，在日常检查和定期保养时，需要对其进行以下操作。

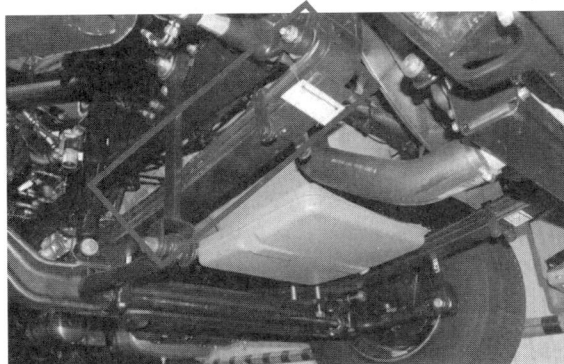

图 5-1-3　钢板弹簧

① 清洁钢板弹簧表面覆盖的泥沙。

② 目视检查钢板弹簧有无明显变形、错位或断裂。

③ 目视检查钢板弹簧非独立悬架 U 形螺栓是否变形。

④ 目视检查前钢板弹簧吊耳胶套是否破损、开裂。

如有异常，应及时进行检修。

钢板弹簧目视检查

（4）后减振器的检查

后减振器用来抑制弹簧吸振后反弹时的振荡及来自路面的冲击，广泛用于汽车加速车架与车身振动的衰减，以改善汽车的行驶平顺性。在经过不平路面时，虽然吸振弹簧可以过滤路面的振动，但弹簧自身还会有往复运动，而后减振器就是用来抑制这种弹簧跳跃的。

如悬架的后减振器性能异常，可能导致行驶中不正常的连续抖动，因此要定期对后减振器的性能和外观进行检查。

① 后减振器的性能检查。汽车在不平路面上行驶一段路程后（不少于 10km），将车停下，用手摸一下后减振器（见图 5-1-4）是否发热，若不热，则表明后减振器已失效，应及时更换新件。

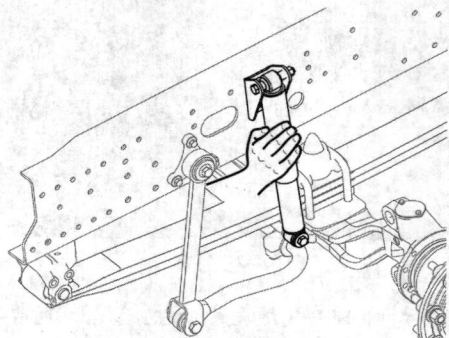

图 5-1-4　手摸后减振器

② 后减振器外观检查。目视检查后减振器外观，应无明显油污，若有漏油现象，可能需要更换，方法如下。

a．若只有防尘罩上有油污，如图 5-1-5（a）所示，则该减振器不需更换。

b．拉伸后减振器，若外筒上有部分油迹，擦干后间隔两周再次擦干，两次擦干后油迹不再出现，则该减振器不需更换，如图 5-1-5（b）所示。

c．拉伸后减振器，若外筒上油迹明显、湿度大，并有发展趋势，且随着时间发展外筒被减振器工作油覆盖，则需更换该减振器，如图 5-1-5（c）所示。

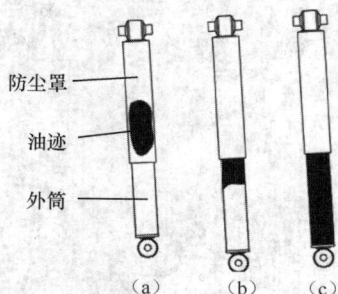

图 5-1-5　后减振器外观检查

（5）稳定杆及胶套的检查

稳定杆可以防止车身在转弯时发生过大的横向侧倾，尽量使车身保持平衡，同时减少汽车横向侧倾程度，改善汽车行驶的平顺性。一般来说采用目视的方式来对稳定杆及胶套进行检查。

① 目视检查横向、纵向稳定杆是否变形，如有应及时进行检修。

② 目视检查各胶套是否老化、破损，如有应及时进行检修。

③ 检查并紧固悬架各固定螺栓，力矩参考维修手册。

2. 检查与保养轮毂和轮毂轴承

（1）轮毂的检查与维护

轮毂是轮胎内轮廓钢通过立柱连接的轮芯旋转部分，即支撑轮胎的重心并装在轴上的金属部件，又叫轮圈、钢圈、轱辘、胎铃。

① 前轮轮毂及不带减速器的后轮轮毂检查（润滑油润滑）与保养。

a. 检查。

● 目视检查轮毂外观（见图 5-1-6）有无破损、开裂现象，如有应及时进行检修。

图 5-1-6　轮毂外观

● 拆开轮毂外盖板，清除轴头轴承周围的润滑脂，并添加涂抹足量的新润滑脂。

● 安装轮毂外盖板。

b. 维护与保养。

● 目视检查轮毂盖处（前轴）或者车轮内侧轮胎处（后桥）是否有漏油情况，如有应及时进行检修。

● 观察前轴润滑脂颜色及状态，如果为白色或奶状，需及时换油，同时检查后桥油的质量。润滑脂位置如图 5-1-7 所示。

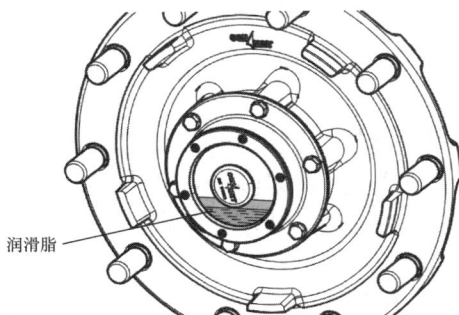

润滑脂

图 5-1-7　润滑脂位置

注意：在进行相应的维护时，如需拆卸轮毂，必须更换轮毂油封。

● 如轮毂润滑油油量不足，必须及时进行添加或补充（见图 5-1-8）：从轮毂盖侧面上的注油孔或者正面的注油孔注入润滑油，等润滑油完全注入后，通过轮毂盖上的加注线检查油量是否正常，油面高度应达到加注线区域内（见图 5-1-9），所用油料为 1700801-54W-C00 润滑油。

图 5-1-8　补充润滑油

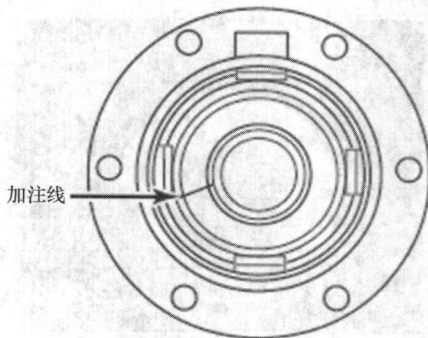

图 5-1-9　润滑油加注线区域

注意：若采用康迈高效润滑油润滑轮毂单元，则 50 万千米为换油周期，在周期内具有低维护、轴承免调整、单元集成化、装配调整方便等优点。

② 带减速器的后轮轮毂检查（润滑油润滑）与保养。

a. 目视检查轮毂外观有无破损、开裂现象，如有异常应及时进行检修。

b. 定期检查减速器润滑油液面位置，如果油液不足，请检查有无泄漏，并添加到标准液面高度。

c. 到达保养周期时，需要更换油液，可以选择壳牌 S3 AD 80W90GL-5 齿轮润滑油。

注意：换油最低适应温度为 -25℃，低于此温度，需要用 GL-5 75W-90，首次换油里程为 2 500km，之后换油周期为 50 000km 或 1 年。

（2）轮毂轴承的检查与维护

由于轮毂轴承是在车轮移动的环境下使用，其所受的承载力很大，是极易受损的零部件，如果安装、使用、润滑和保养不当，不但会缩短其使用寿命，而且会影响其安全性能。重型汽车轮毂上采用圆锥滚子轴承，在进行底盘维护作业时，需按照要求定期进行检查维护。

① 轮毂轴承的基本检查。

a. 检查轮毂轴承时，首先将汽车受检轮毂一端车轮的车桥架起，用支车凳等用具把车安全地架好。

b．用手转动受检的车轮数圈，车轮应转动平稳，无异常噪声（制动系统无异常的情况下）。

c．使用撬棍左右撬动轮胎，应无松旷感。

如以上检查异常，应对轮毂轴承进行相应的检查、维护。

②　轮毂轴承的维护。

在车辆使用过程中，一般每 2 个月或 5 万千米（依据实际情况调整）需对轮毂轴承进行一次维护，维护方法参考如下。

a．拆卸轮毂前应做好轮毂保养的准备工作，将车停稳并架起车桥，以确保维护作业的安全。

b．拆下轮毂轴头的装饰盖和防尘罩。

c．拆下轮胎螺母和轮胎，注意不要碰伤轮胎螺栓的螺纹。如果是盘式制动器，应拆下制动器，再用手钳拆下锁圈或锁销。

d．用专用工具拆下轮毂。

e．使用专用工具拉出轴径上的轴承，如图 5-1-10 所示。

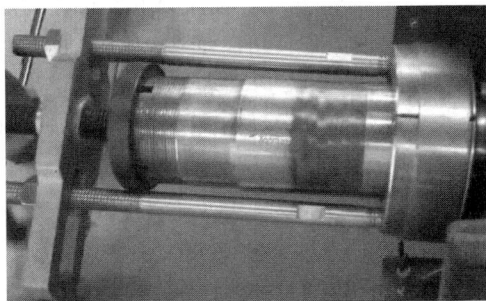

图 5-1-10　使用专用工具拉出轴承

f．取下轮毂轴承。轮毂轴承如图 5-1-11 所示。

图 5-1-11　轮毂轴承

g．用清洗剂清洗轴承上旧的润滑脂。

h．刮去轴承、轴颈及轮毂腔内的旧润滑脂，用清洗剂清洗轮毂轴承和轴颈并用布擦干，最后用布擦净轮毂内腔。

i．用手转动轴承，如存在卡滞或异常噪声，应更换轴承。检查轮毂轴承与轴承座圈，如有裂纹、疲劳剥落和轴承滚子松散等现象，应更换轴承；如果发现轴承座圈上有麻点，也应更换轴承。

j. 检查轴承内圈与轴颈的配合情况，配合间隙应不大于 0.10mm。测量轴颈时，应在垂直于地面（将轴在地面上水平放置）的上下两个部位（该处为磨损最大的部位）测量。如果配合间隙超过规定的使用限度，应更换轴承，使之恢复正常的配合间隙。不允许在轴颈上打毛刺、麻点来缩小配合间隙。

k. 对轴承涂抹新的润滑脂，注意要保证润滑脂充分地与轴承内表面接触，应将润滑脂挤进轴承内直至润滑脂从轴承的另一侧冒出为止。

l. 使用专用工具，安装轴承到轴颈上，并确保安装到位。

m. 将涂抹了润滑脂的轴承放入轮毂中。

n. 在轮毂腔内和轴头盖内涂抹一层薄薄的润滑脂，使之起到防锈的作用。注意轮毂腔内的润滑脂不要涂抹得太多，否则会影响散热和制动。

o. 将轮毂及外轴承装回到轴颈上，用手将轴头调整螺母拧上，然后用轴头扳手拧紧调整螺母。

p. 用撬棍撬动车轮，应无间隙感，之后逆时针转动调整螺母 1/5~1/4 圈。

q. 再次用撬棍撬动车轮，应无间隙感，并用手转动车轮，应转动灵活。

r. 最后依次安装锁片、固定螺母、轮胎、防尘罩和装饰盖等零件。

注意：汽车轮毂轴承的润滑脂，如果使用温度在−20 ~ 120℃，可以采用普通的二硫化钼锂基润滑脂，但是如果使用温度低于−20℃，或者轮毂在重负荷或者连续制动时温度可能超过120℃，建议采用全合成二硫化钼高温润滑脂，以确保低温和高温下轮毂的正常润滑。

3. 检查与保养轮胎

轮胎由橡胶制成，安装在轮辋上，并与轮制动组成车轮与地面接触。其功用是支撑车辆及货物的总重量；保证车轮和路面的附着，以提高车辆的牵引性、制动性和通过性；与悬架一同减少车辆在行驶中所受到的冲击，并衰减由此产生的振动，以保证车辆有良好的乘坐舒适性和行驶平顺性，所以轮胎在汽车零件中十分重要，其检查与保养也是车辆维护的重要环节之一。

（1）轮胎外观的检查

① 目视检查轮胎胎面是否出现图 5-1-12 所示的磨损情况。不同的磨损状态，表明其可能的故障原因不同，具体如下。

a. 图 5-1-12（a）所示的轮胎胎面两侧磨损，造成的原因可能是充气不足、转向困难、没有定期进行轮胎换位。

b. 图 5-1-12（b）所示的轮胎胎面花纹一侧磨圆、一侧有明显毛刺，造成的原因可能是车轮定位不当、转向困难、没有定期进行轮胎换位。

c. 图 5-1-12（c）所示的轮胎胎面外侧磨损，造成的原因可能是车轮定位不当。

d. 图 5-1-12（d）所示的轮胎胎面中部磨损，造成的原因可能是充气过足、加速过猛、没有定期进行轮胎换位。

e. 图 5-1-12（e）所示的轮胎磨损为正常磨损。

注意：如因车轮定位异常导致轮胎异常磨损，则更换完轮胎后必须执行车轮定位的检查，否则可能导致更换后的轮胎行驶一段时间后又出现异常磨损的情况。

② 目视检查轮胎的侧壁是否有鼓包现象（见图 5-1-13），如有应更换轮胎。

（a）两侧磨损　　（b）花纹一侧磨损　　（c）胎面外侧磨损

（d）胎面中部磨损　　　（e）正常磨损

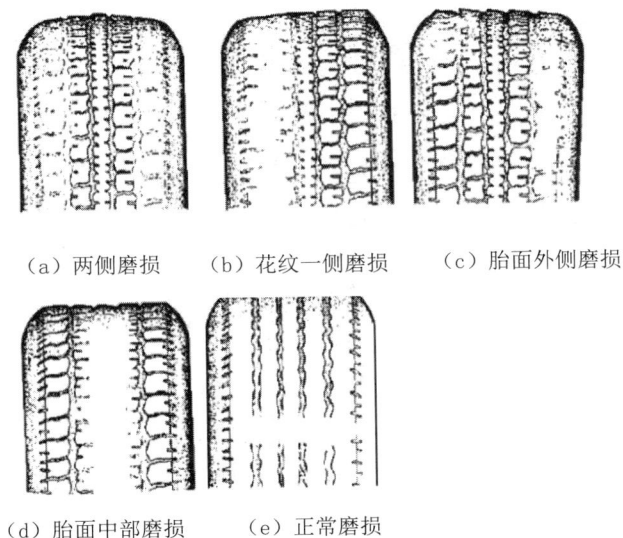

图 5-1-12　轮胎磨损情况

轮胎、轮毂
外观检查

图 5-1-13　轮胎侧壁鼓包现象

③ 目视检查轮胎侧壁或胎面是否有开裂现象，如有应更换轮胎。

④ 目视检查轮胎是否有异物扎入，如图 5-1-14 所示。根据扎入物体的大小、截面积及扎入位置，视情况维修或者更换。

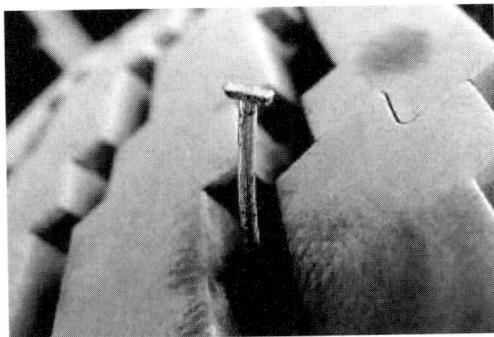

图 5-1-14　轮胎扎入异物

⑤ 目视检查轮胎凹陷处是否有异物，如石子等，颗粒较大的需进行清除。

⑥ 使用专用轮胎花纹深度规测量花纹深度，如果轮胎花纹深度低于磨损标记，需更换轮胎。

⑦ 目视检查轮胎钢圈有无变形或划伤，如有，应及时进行检修。

（2）轮胎气压测量

使用胎压表测量轮胎气压，并将轮胎气压调整到正常数值。某商用车前、后轮胎及备胎气压如表 5-1-1 所示。

表 5-1-1 　　　　　　　　　　　某商务车前、后轮胎及备胎气压

轮胎	气压/kPa
315/80R22.5	850～900
315/70R22.5、315/60R22.5、295/80R22.5	830
11.00-20、11.00R20	740～780
12.00-20、12.00R20	
11R22.5	720（14 层级）、830（16 层级）
12R22.5	750～850
9.00-20	880（前轮）、810（后轮）
10R22.5	790
10.00-20	810（前轮）、740（后轮）
10.00R20	830（14 层级）、930（16 层级）

注意：轮胎气压的测量，应在轮胎处于室温状态时进行。

（3）轮胎换位

为了使轮胎均衡磨损，需按照推荐的千米数进行换位，步骤如下。

① 举升车辆使车轮离地。

② 在车轮和轮毂上做好标记，拆下车轮。

③ 按照图 5-1-15 所示的要求对轮胎进行换位。

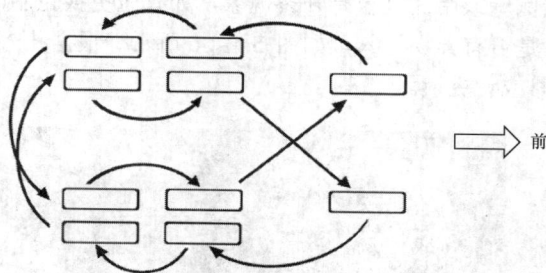

图 5-1-15　轮胎换位示意图

4. 检查、保养与紧固底盘螺栓

车辆底盘上的螺栓主要属于悬架系统，只要有外力或振动，螺栓就会松动，但程度不同。车辆底盘的螺栓出现松动，一般有以下几种情况。

（1）车辆受到长期高强度湍流，经常在颠簸路面上行驶，悬架系统会频繁受到高强度的冲击和振动，螺栓松动的概率会更大。

（2）车辆受到超过设计负荷的外部冲击，当车辆发生碰撞时，悬架系统螺栓的接头承受过大的冲击力，可能导致两个连接部位的接触面变形。此时，螺栓本身并没有松动，但是接触面的损坏会导致螺栓无法完全紧固接触部位。

（3）因误操作而转动部件的连接螺栓。

为了汽车的行驶安全，需要定期检查并校准底盘螺栓力矩，表 5-1-2 所示为解放 J6 双桥（板簧）车型的底盘螺栓力矩。

表 5-1-2　　　　　　　　　　解放 J6 双桥（板簧）车型的底盘螺栓力矩

序号	项目	拧紧部位描述	拧紧力矩/(N·m)	定保需要检查项
1	燃油供给系统	燃油箱箍箍带锁紧螺母	85±5	●
2	传动轴	变速器输出凸缘与传动轴连接螺栓	200±20	●
3		传动轴与中桥输入凸缘连接螺栓		●
4		中桥输出凸缘和后桥传动轴连接螺栓		●
5		后桥传动轴与后桥输入凸缘连接螺栓		●
6	车架	前簧前支架横梁焊接总成与前簧前支架连接螺栓	200±40	●
7	悬架	前钢板弹簧前支架与车架加长梁连接螺栓	290±60	●
8		前钢板弹簧 U 形螺栓与螺母连接螺栓	500±50	●
9		前减振器与前减振器下支架连接螺栓	290±60	●
10		前横向稳定杆与吊臂连接螺栓	400±80	●
11		前上反作用杆与反作用杆上支架连接螺栓	1000±200	●
12		后上反作用杆与反作用杆上支架连接螺栓		●
13		平衡悬架大支架与车架腹面连接螺栓	260±50	●
14		平衡悬架大支架与车架横梁连接螺栓	430±80	●
15		后钢板弹簧 U 形螺栓与螺母连接螺栓	750±50	●
16		前下反作用杆与反作用杆下支架连接螺栓	500±100	●
17		后下反作用杆与反作用杆下支架连接螺栓		●
18		前、后上反作用杆与小端支架连接螺栓	650±130	●
19		前、后下反作用杆与平衡悬架大支架连接螺栓	500±100	●
20		V 形杆小端支架与车架连接螺栓	375±75	●
21	车轮与轮胎	前轮轮胎螺母	550±50	●
22		驱动轮轮胎螺母		●
23	转向系统	动力转向器进出油口螺栓	75±5	●
24		转向器固定螺栓	725±25	●
25	制动系统	储气筒箍箍带螺栓	45±5	●
26	驾驶室悬置系统	前悬置减振器下支架总成与车架连接螺栓	260±40	●
27		后悬置总成与车架连接螺栓	177.5±32.5	●
28	发动机	前悬置托架与车架连接螺栓	177.5±32.5	视情况检查
29		前悬置托架与支架连接螺栓	390±40	视情况检查
30		后悬置托架与车架连接螺栓	177.5±32.5	视情况检查
31		后悬置托架与支架连接螺栓	390±40	视情况检查
32	前轴	上节臂拧紧螺母	309±34	视情况检查
33		左、右节臂连接用的螺栓	705±45	视情况检查

注："●"表示必须检查的项目。

|任务 5.2 检查与保养转向系统|

5.2.1 任务信息

任务 5.2 检查与保养转向系统

姓名		班级	
学时		日期	
成绩		教师签名	
案例导入		一位客户反映车辆在行驶过程中不稳定，左右摇摆，制动时会发生跑偏，同时转动转向盘时要比以往吃力，作为一名维修技师，你需要对转向系统进行检查与保养	
任务目标	知识	1．熟知转向系统各部分的检查方法和注意事项； 2．熟知转向助力油的检查和更换方法	
	技能	1．能够对车辆转向系统各部分进行检查并进行正确的维护； 2．能够规范且正确地更换转向助力油	
	素养	1．树立安全操作意识、6S 管理意识； 2．具有职业规范意识及团队协作能力； 3．养成严谨细致的工作态度	

5.2.2 任务准备

1．实训车辆 4 台、维修工具 4 套、转向助力油 4 桶、油液滤芯 4 个、挡块若干。

2．转向柱高低调节功能检查、转向盘自由间隙检查等视频资源。

5.2.3 任务实施

说明：通过查阅"参考信息"、文档资源、媒体资源等方式，完成以下工作任务。

检查与保养转向系统

1．进行转向系统的检查与保养，根据操作完成下表。

序号	检查项目	是否完成检查	
1	转向柱高低调节功能检查	是□	否□
2	转向盘自由间隙检查	是□	否□
3	转向拉杆球头检查	是□	否□
4	转向系统的螺栓紧固	是□	否□
5	转向助力油的检查	是□	否□
6	转向助力油的更换	是□	否□
7	转向助力油油液滤芯更换	是□	否□

2．转向拉杆球头出现损坏后，车辆可能发生的症状（在□内画√）

制动距离过长　　　　　　　　□　　　　行驶时车辆左右摇摆　　　　　□

制动时车辆跑偏　　　　　　　□　　　　高速时有很明显的胎噪　　　　□

高速时转向吃力　　　　　　　□　　　　行驶时有"咯噔咯噔"的响声　□

3．小组协作，进行转向盘自由间隙的检查并补全以下信息。

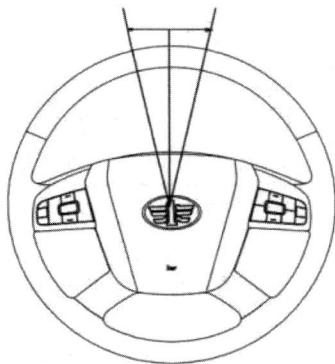

（1）转向盘间隙：_____mm。

（2）实训车辆的转向盘间隙是否在规定范围内。（是□　否□）

（3）转向盘自由间隙过大会造成：

_____

_____

4．小组协作，进行转向助力油的检查并补全以下信息。

（1）转向助力油的检查周期：_____。

（2）更换转向助力油的同时需要更换_____。

（3）找出车辆转向助力油储液罐。（已找到□　未找到□）

（4）检查转向助力油液面。（液面在规定区间内□　液面不在规定区间内□）

（5）完善转向助力油更换的流程。

① 顶起前轴，拆下转向器上的回油管接头。

② _____

③ _____

④ _____

⑤ 更换滤芯。

5．开展组内自评与组间互评。

评价记录：_____

_____

_____

_____

_____

6. 现场整理清单

序号	实施项目	维护方法	判断标准	是否合格
1	照明灯	目测/实施	不用时及时关闭	
2	座椅	目测/实施	一桌两椅，靠桌收拢	
3	窗户	目测/实施	干净无灰尘，人走窗户关闭	
4	窗台	目测/实施	干净无灰尘，无杂物	
5	遮阳帘	目测/实施	同一面上、下沿对齐	
6	地面	目测/实施	无垃圾、污渍	
7	车辆	目测/实施	停放整齐，驻车制动器拉起	
8	工具设备	目测/实施	摆放整齐，归位复原	

5.2.4　参考信息

用来改变或保持车辆行驶或倒退方向的一系列装置称为转向系统，其由操纵部分、供能部分和执行部分组成。汽车转向系统对汽车的行驶安全至关重要，直接影响着车辆驾驶的安全性及操纵性。在维修工作中，应定期对其相应状态进行检查及维护。

1. 转向柱高低调节功能检查

转向柱高低调节功能可满足不同身材的驾驶员对转向盘与驾驶员上下空间的不同需要，使驾驶员既可调节座椅与转向盘的距离而保持舒适的腿部空间，又可以保证与转向盘上下位置上的舒适。

找到车辆的转向柱锁止按钮（见图 5-2-1），抬起锁止按钮，开启转向柱高低调节功能，检查人员可以握住转向盘进行上、下滑动和前、后摆动，调整过程中各方向动作应无卡滞。根据检查人员的需求调整后，按下锁止按钮，关闭转向柱高低调节功能，转向盘位置不可调节。

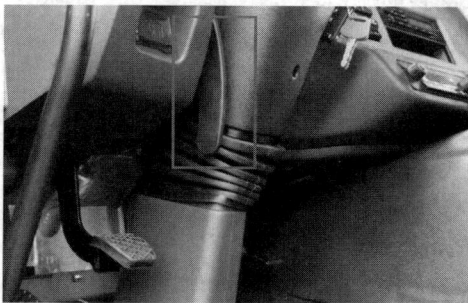

转向柱调节
功能检查

图 5-2-1　转向柱锁止按钮

2. 转向盘自由间隙的检查

在驾驶汽车过程中，向左或向右转动转向盘，不使转向轮发生偏转时转向盘所能转过的角度或运动量称为转向盘自由间隙。转向盘自由间隙对于缓和路面冲击、使驾驶员操纵柔和、防止驾驶员过度紧张等是有利的，但不宜过大，以免过分影响转向灵敏性和产生转向摇摆现象。

转向盘自由间隙的检查可参考如下方法。

（1）将前轮置于直线行驶位置。

（2）向左、右转动转向盘到有阻力为止（此时前轮不应偏转），其转动量应在 20～40mm 范围内，如图 5-2-2 所示。

如转向盘转向自由间隙过大，则应检查转向拉杆接头，转向拉杆球头，转向器齿轮、齿条是否磨损或损坏，零件安装或连接是否松动，如有不良，应更换相应零件。

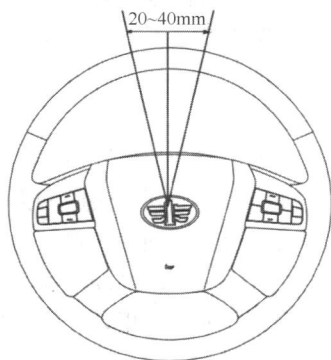

图 5-2-2　转向盘转动量

3. 转向拉杆球头的检查

转向拉杆是汽车转向机构中的重要零件，它直接影响汽车操纵的稳定性、运行的安全性和轮胎的使用寿命。转向拉杆球头为带球头外壳的拉杆，转向主轴的球头置于球头外壳内，球头通过其前端的球头座与球头外壳的轴孔边缘铰接，球头座与转向主轴间的滚针镶在球头座内孔面槽内，具有减轻球头磨损、提高主轴的抗拉性能等作用。因此，在检查转向系统时也需要对转向拉杆球头（见图 5-2-3）进行检查。

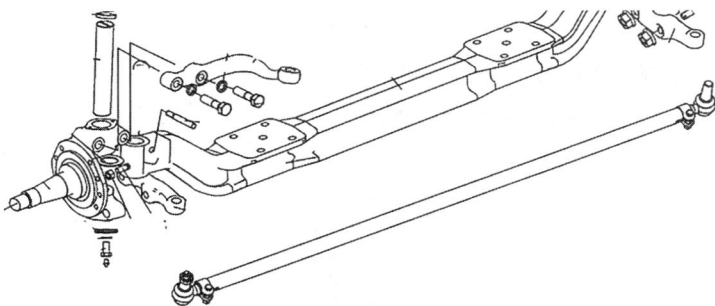

图 5-2-3　转向拉杆球头

检查方法如下。

（1）一位技师左右转动转向盘，另一位技师用手分别触摸转向拉杆球头部位，正常情况下应没有振动感。如果有振动，表明该处球头有松旷，应该进行更换。

（2）目视检查转向拉杆球头的防尘罩是否有漏油。如转向拉杆球头防尘罩密封不良、开裂，有油渍渗出，应及时进行检修。

转向拉杆球头损坏的症状如下。

（1）车辆在颠簸路段行驶时，会发出"咯噔咯噔"的响声。

（2）车辆在行驶过程中不稳定、左右摇摆，制动时会发生跑偏、转向失灵。

（3）转向拉杆球头旷量过大，在受到冲击载荷时容易断裂。

4. 转向系统的螺栓紧固

在车辆使用过程中，转向系统的固定螺栓可能存在松动，力矩不足，导致转向系统自由间隙过大及转向不足等安全隐患。

日常检查时，使用扭矩扳手定期检查转向系统各螺栓紧固力矩是否正常，如紧固力矩不足，应按照维修手册要求，紧固至规定力矩。

5. 转向助力油的检查与更换

转向助力油是汽车助力转向泵使用的一种特殊液体，通过液压作用，可以使转向盘的操作变得非常轻巧。在车辆行驶一定周期后，需要对转向助力油进行检查和更换。一般来说，汽车每行驶 1 万千米时是转向助力油的检查周期，操作者需要找到转向助力油的储液罐（见图 5-2-4）并检查转向助力油液面，按照规定进行添加。汽车磨合结束（行驶 2 500km）时，每隔 10 万千米或 12 个月（以先到为准）为车辆更换一次转向助力油，操作者需要同时更换转向助力油储液罐滤芯。

图 5-2-4　转向助力油的储液罐

转向助力油更换方法如下。

（1）顶起前轴，拆下转向器上的回油管接头，如图 5-2-5 所示。

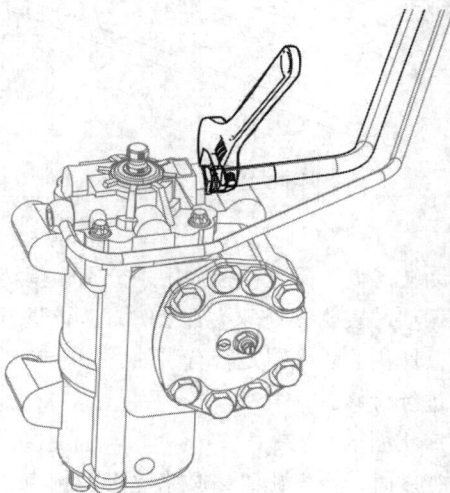

图 5-2-5　拆下转向器回油管接头

（2）将转向盘向左、右转动至极限位置 2～3 次即可将转向助力油放尽，重新安装好回油管接头。

（3）打开转向助力油储液罐上盖，向罐中加注转向助力油直到高过滤芯上盖面，怠速运转发动机。

（4）向左、右转动转向盘至极限位置（停留不得超过 5s），然后继续加油，直到转向助力油液面处于上、下极限刻度线之间且没有气泡为止。

（5）油液滤芯更换。每次更换转向助力油时，需更换油液滤芯，如图 5-2-6 所示。

注意：加油量根据车型要求，油料型号为 FAW ATF Ⅲ 自动传动液（倾点不高于−45℃）。

图 5-2-6　油液滤芯

任务 5.3　检查与保养制动系统

5.3.1　任务信息

任务 5.3　检查与保养制动系统

姓名		班级	
学时		日期	
成绩		教师签名	
案例导入	一位客户的车辆正进行保养检查，在进行气路检查时客户咨询了关于在日常使用中气路检查及制动间隙调整等的问题，作为维修技师的你需要向客户详细讲解如何对车辆制动系统进行检查与保养		
任务目标	知识	1. 了解制动系统气路所包含的部件； 2. 熟知制动系统气路各部件的检查方法； 3. 熟知制动系统制动部件的检查方法； 4. 熟知制动系统制动间隙的调整方法	
	技能	1. 能够对车辆制动系统气路各部件进行正确的检查及维护； 2. 能够对车辆制动系统制动部件进行正确的检查及状态分析； 3. 能够规范正确地进行鼓式制动器的间隙调整	
	素养	1. 树立安全操作意识、6S 管理意识； 2. 具有职业规范意识以及团队协作能力； 3. 养成严谨细致的工作态度	

5.3.2　任务准备

1. 实测车辆 4 台、维修工具 4 套、量具 4 套、挡块若干。
2. 气路泄漏检查、空气干燥罐的检查与更换等视频资源。

5.3.3　任务实施

说明：通过查阅"参考信息"、文档资源、媒体资源等方式，完成以下工作任务。

检查与保养制动系统

1. 进行制动系统的检查与保养，根据操作完成下表。

序号	检查项目	检查子项目	是否完成检查	
1	检查与保养气路	气路泄漏检查	是□	否□
2		空气干燥罐的检查与更换	是□	否□
3		四回路保护阀检查	是□	否□
4		制动脚阀检查	是□	否□
5		制动气室检查	是□	否□
6		制动储气筒检查	是□	否□
7		制动继动阀检查	是□	否□
8		制动手柄检查	是□	否□
9		制动分配管路检查	是□	否□
10	检查与保养制动部件	制动踏板行程检查	是□	否□
11		鼓式制动器磨损状态检查	是□	否□

2. 在进行气路泄漏检查时，若检查数值不符合标准值，则需要再次进行哪些检查？

① _____

② _____

③ _____

④ _____

3. 小组协作，进行空气干燥罐和制动储气筒检查，并完成以下信息。

（1）空气干燥罐一般使用_____后必须更换。

（2）每次保养维修时，都需要检查空气干燥罐的工作性能，在_____情况下必须更换空气干燥罐。

（3）对实训车辆的空气干燥罐进行检查，判断是否需要更换。（需要更换□　不需要更换□）

（4）完成空气干燥罐的更换步骤。

① 拆卸空气干燥罐前确认点火开关处于_____位置，通过各储气筒上的放水阀，将制动系统_____全部排出。

② 用套筒扳手及旋转式滤清器扳手拆下空气处理单元的空气干燥罐。

③ 更换后对制动系统充入_____，并检查重新装配后的管路是否有泄漏。

4．小组协作，进行制动踏板行程的检查，并完成以下信息。

（1）制动踏板行程检查分为_____检查和_____检查。

（2）在下图标出制动踏板空行程检查的位置和全行程检查的位置。

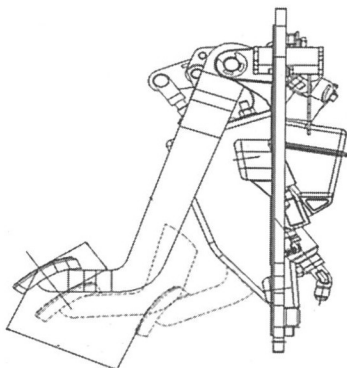

（3）制动踏板空行程为_____mm；制动踏板全行程为_____mm。

（4）根据测得的该车型的数据，判断该数值是否处在规定范围内。（是□ 否□）

5．小组协作，对鼓式制动器的状态和鼓式制动蹄片的状态进行检查，并完成下表。

序号	鼓式制动器检查要点	状态记录
1	鼓式制动摩擦片厚度检查	已磨损至侧面台阶□ 未磨损至侧面台阶□
2	鼓式制动蹄片状态检查	正常□　不正常□
3	鼓式制动器间隙检查	_____mm
4	鼓式制动器制动间隙的调整	已调整到规定间隙□ 未调整到规定间隙□
5	鼓式制动器制动毂磨损检查	内径尺寸_____mm 未在规定范围内□ 已在规定范围内□

6．开展组内自评与组间互评。

评价记录：_____

_____

_____

7．现场整理清单

序号	实施项目	维护方法	判断标准	是否合格
1	照明灯	目测/实施	不用时及时关闭	
2	座椅	目测/实施	一桌两椅，靠桌收拢	
3	窗户	目测/实施	干净无灰尘，人走窗户关闭	
4	窗台	目测/实施	干净无灰尘，无杂物	
5	遮阳帘	目测/实施	同一面上、下沿对齐	
6	地面	目测/实施	无垃圾、污渍	
7	车辆	目测/实施	停放整齐，驻车制动器拉起	
8	工具设备	目测/实施	摆放整齐，归位复原	

5.3.4　参考信息

为了提高汽车的运输生产率，应在保证安全行驶的前提下，提高汽车的平均行驶速度。同时在需要时，应能实现汽车的减速或停车以及能够使停驶的汽车可靠地驻留在原地不动。因此，制动系统的功能是根据需要使行驶中的汽车减速甚至停车，使下坡行驶的汽车保持车速稳定及使已停驶的汽车保持不动。

对商用车制动系统的检查与保养主要包含气路与制动部件的检查。

1．检查与保养气路

商用车制动系统的传动媒介为空气，其制动方式为气压制动。气压制动系统（见图 5-3-1）包含空气压缩机、空气干燥罐、四回路保护阀、制动储气筒、制动气室、制动阀、手动阀、快放阀和制动继动阀等部件。在车辆的检查与保养中，不仅需要对这些部件进行检查，还需要检查气压制动系统的密闭性，也就是气路泄漏检查。

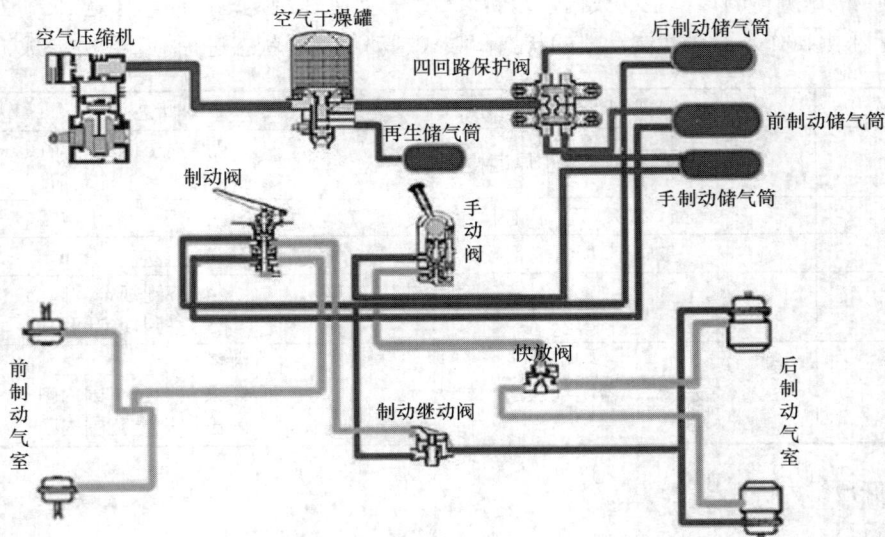

图 5-3-1　气压制动系统的组成结构

（1）气路泄漏检查

每次定期保养及维修时，均需对气路进行检查，检查标准与方法步骤参考如下。

① 起动发动机，在气压升至 750kPa（或能达到的最大行车制动管路压力，两者取小的值）且不使用制动的情况下，使空气压缩机停止工作 3min 后，其气压的降低值应小于等于10kPa。

② 在气压为 750kPa（或能达到的最大行车制动管路压力，两者取小的值）的情况下，令空气压缩机停止工作，将制动踏板踩到底，待气压稳定后观察 3min，气压降低值应小于等于 20kPa。

如果满足不了上述参数标准，应对气路进行检查，主要检查项目如下。

① 仪表显示的气压值是否正常。

② 制动系统各部件总成外观及管路连接情况是否正常。

③ 制动系统管路各连接处是否松动。

④ 制动系统管路是否有破损、干涉、打结现象等。

（2）空气干燥罐的检查与更换

空气干燥罐（即空气干燥器）一般使用一年或 10 万千米后必须更换，每次保养维修时，都需要检查空气干燥罐的工作性能。如果发现打开储气筒放水阀时，能从中放出少量水且空气处理单元排气口处形成油滴，则必须更换空气干燥罐。

注意：排气口处有少量油污属正常现象，不必更换空气干燥罐；若排气口处产生油滴，应先检查空气压缩机是否失效。

空气干燥罐的更换步骤如下。

① 拆卸空气干燥罐前确认点火开关处于关闭位置，通过各储气筒上的放水阀，将制动系统压缩空气排净。

② 用套筒扳手及旋转式滤清器扳手拆下空气处理单元的空气干燥罐，如图 5-3-2 所示。

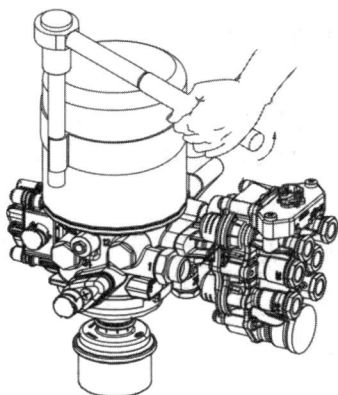

图 5-3-2　拆下空气干燥罐

更换后对制动系统充入压缩空气，并检查重新装配后的管路是否有泄漏。

不同车辆的空气干燥罐可能不同，在上述步骤不变的情况下，拆卸及更换应根据空气干燥罐的具体结构来进行。

（3）四回路保护阀检查

找到四回路保护阀（见图 5-3-3），并用手轻轻晃动各连接管路，观察管路是否有破损、扭曲，如有问题应及时调整或更换管路。

图 5-3-3　四回路保护阀

使用扳手对管路连接螺栓进行紧固，确保管路与阀之间连接良好。

（4）制动脚阀检查

制动脚阀（见图 5-3-4）是控制行车制动的关键部件。其性能决定了制动系统的实施，在日常检查、首保和定期保养时都需要对其进行检查。其检查方法如下。

图 5-3-4　制动脚阀

① 打开发动机舱盖，观察制动脚阀外观是否有破裂，如有应更换总成。

② 用手轻轻晃动连接管路，观察管路是否有破损、扭曲，如有则需进行相应检修。

③ 使用扳手对管路连接螺栓进行紧固，确保管路与制动脚阀连接良好。

④ 检查制动脚阀防尘罩是否有脱落、破损，如有则需及时进行检修。

（5）制动气室的检查

制动气室也叫制动分泵（见图 5-3-5），作为制动系统的执行部件，其工作环境非常恶劣，长期在多尘、泥泞、严寒酷暑等恶劣环境中工作。每次日常检查和保养时，都需要对其进行检查。其检查方法如下。

① 清洁掉制动气室表面的泥土。

② 观察制动气室表面是否有开裂、凹瘪、破损情况，如有应更换。

③ 观察制动气室气管连接情况，连接头螺栓是否松动，管路是否扭曲、破裂，如有应进行检修。

④ 检查制动气室与调整臂的连接情况，如连接部件出现变形，应进行检修。

图 5-3-5　制动气室

后制动气室与前制动气室一样，都需要严格检查。但与前制动气室不同的是，后制动气室除了具有行车制动腔外，还具有驻车制动腔。

（6）制动储气筒检查

制动储气筒（见图 5-3-6）接收并储存四回路保护阀的高压空气，为制动阀和制动气室提供工作气源。根据车型不同，制动储气筒的数量和安装位置不同，但保养检查方法柜同，步骤如下。

① 清洁掉制动储气筒表面的灰尘、泥土。

② 观察各制动储气筒表面是否有开裂、凹瘪、破损情况，如有应及时检修或更换。

③ 观察制动储气筒气管连接情况，连接头螺栓是否有松动，管路是否有扭曲、破裂，如有应及时检修。

④ 制动储气筒应隔几日放一次水，通过下侧的放水阀进行放水，保养时也要对制动储气筒进行放水。放水操作如图 5-3-7 所示。

图 5-3-6　制动储气筒

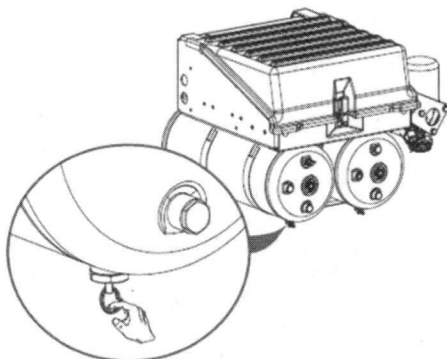

图 5-3-7　制动储气筒放水操作

注意：若制动储气筒连续几次均有水放出，应立即更换空气干燥罐。

（7）制动继动阀的检查

制动继动阀（见图 5-3-8）有 4 种，分别为前制动继动阀（部分车型没有装配）、后制动继动阀、驻车继动阀和挂车制动继动阀。此类阀结构及原理一致。其保养与检查方法如下。

① 观察阀体表面是否有破损，如有应更换。

图 5-3-8　制动继动阀

② 观察阀体各气管连接情况，连接头螺栓是否有松动，管路是否有扭曲、破裂，如有应进行检修。

③ 检查阀体装配的压力传感器插头连接是否紧固，线束连接及固定是否良好等。

（8）制动手柄的检查

每次保养时，均需要检查制动手柄（见图5-3-9），检查内容如下。

① 检查驻车、挂车手柄操作是否灵活、无卡滞。

② 检查当挂上制动挡时，能否对车辆起到制动作用。

图 5-3-9　制动手柄

（9）制动分配管路的检查

每次保养时，均需对制动分配管路（见图5-3-10）进行检查，检查内容如下。

① 检查驻车、挂车管路分配阀固定情况，如有松动，应紧固阀体安装螺栓。

② 检查驻车、挂车管路固定情况，如有松动，应紧固连接螺栓。

③ 检查驻车、挂车管路有无打结、扭曲和破损情况，如有应及时进行检修或更换。

图 5-3-10　制动分配管路

2. 检查与保养制动部件

（1）制动踏板的行程检查

制动踏板的行程影响着制动性能。在保养与维修工作中，需对制动踏板的行程进行检查，分为空行程检查和全行程检查。

空行程指的是从踩下制动踏板到开始实施制动时，两个踏板中心位置之间的垂直高度，如图5-3-11中A所示。

全行程指的是从踩下制动踏板到踏板被踩到底，两个踏板中心位置之间的垂直高度，如图5-3-11中B所示。

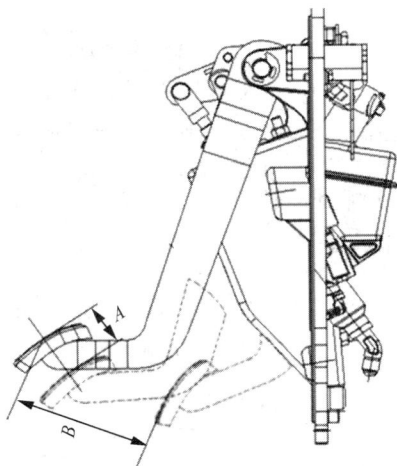

图 5-3-11　制动踏板行程检查示意图

使用直尺测量上述高度，检查是否符合标准，如商用车，标准数值分别为 14mm、81mm，若数值有异常应及时调整制动踏板。

注意：调整制动踏板时，要保证制动灯开关间隙为 1.5mm，防止制动灯常亮或踩制动踏板时制动灯不亮。

（2）鼓式制动器的状态检查

① 鼓式制动摩擦片的厚度检查（见图 5-3-12）。

a. 拧下堵塞。

b. 通过挡尘盘检查孔观察摩擦片磨损情况。

c. 如摩擦片磨损至侧面台阶，则需更换。

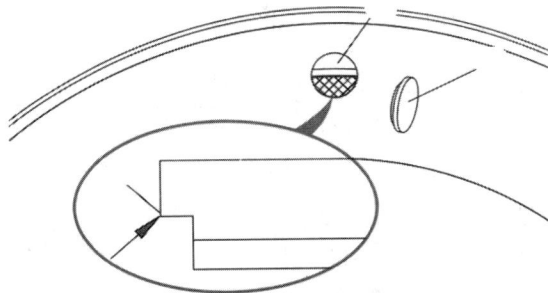

图 5-3-12　鼓式制动摩擦片厚度检查

② 鼓式制动蹄片状态检查。在对制动蹄片（见图 5-3-13）进行维护时，需检查摩擦衬片的磨损状态及磨损程度、衬套的磨损和润滑情况，如有异常应进行检修或更换。

蹄片总成不应该有开裂、开焊等现象，如发现此类故障应更换新蹄片总成。

③ 鼓式制动器的制动间隙检查。为了确保鼓式制动器性能的稳定，需定期对鼓式制动器的制动间隙进行检查，检查方法如下。

a. 找到制动毂观察孔位置，取下观察孔堵塞，如图 5-3-14 所示。

b. 将塞尺插入观察孔内，测量制动间隙，应在 0.6～0.8mm 范围内。

如果间隙不对，需进行调整或更换。

图 5-3-13　鼓式制动蹄片

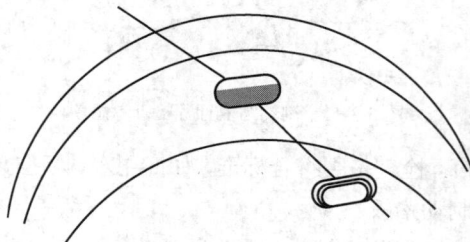

图 5-3-14　鼓式制动器制动间隙检查

④ 鼓式制动器制动毂磨损检查。鼓式制动器制动毂磨损检查需要对摩擦面内径尺寸、摩擦面磨损及裂纹状态进行检查，以解放 J6 制动毂（见图 5-3-15）为例，其内径设计尺寸为 $\phi410.6\sim\phi410.9$mm；内径使用极限不大于 $\phi414$mm。其检查方法如下。

a. 制动毂内表面不应有严重划痕、异常磨损（波浪形磨损、阶梯形磨损）、较大裂纹等。

b. 允许在内径使用极限内，精加工制动毂内表面，以去除摩擦表面划痕、异常磨损和裂纹。

c. 如在内径使用极限范围内无法消除上述故障，则应更换新制动毂。

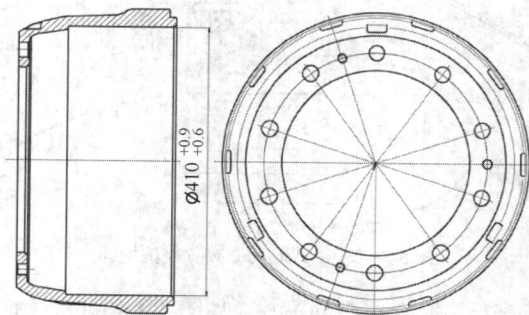

图 5-3-15　鼓式制动器制动毂

⑤ 鼓式制动器制动间隙的调整。制动器间隙是指制动蹄片（制动盘）与制动毂（制动盘）之间的间隙。这个间隙需在一个合理范围内。间隙过大会导致摩擦力过小，使得制动距离变长，制动性能减弱，易引发事故；若间隙过小，轻则导致制动摩擦机构的急剧磨损，降低制动摩擦片的使用寿命，重则造成车辆操控困难、制动系统容易抱死或误制动。因此，如果进行鼓式制动器制动间隙检查时发现制动间隙数值未在合理范围之内，则需要及时进行调整。

注意：盘式制动器一般具有间隙自调装置，即装配完制动器只需要连续踩几脚制动踏板即可。

a．制动间隙手动调整臂的调整方法如下。

● 取下调整臂的防尘罩，如图 5-3-16 所示。

● 推进调整臂锁止套至露出蜗杆轴的六方头，用扳手转动蜗杆轴，使制动毂与制动蹄片之间的间隙保持在 0.6～0.8mm 范围内（在挡尘罩检查孔处测量），如图 5-3-16 所示。

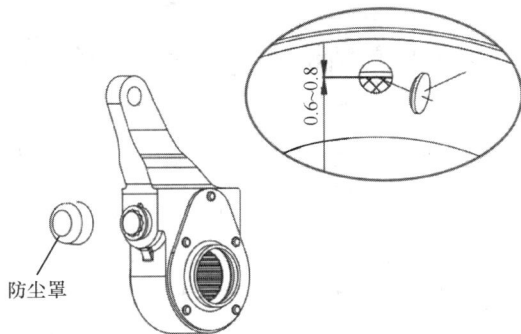

图 5-3-16　鼓式制动器手动调整臂

b．制动间隙自动调整臂的调整方法如下。

● 更换新的制动摩擦片时，需要对制动间隙进行重新调整。

● 用扳手顺时针转动调整臂蜗杆六方头（见图 5-3-17）直至转不动（摩擦片与制动毂接触）为止，再逆时针方向转动调整臂蜗杆六方头 3/4 圈（反方向转动时会听到"咔咔"声）。

● 若干次制动后，制动间隙会自动调整至正常范围。

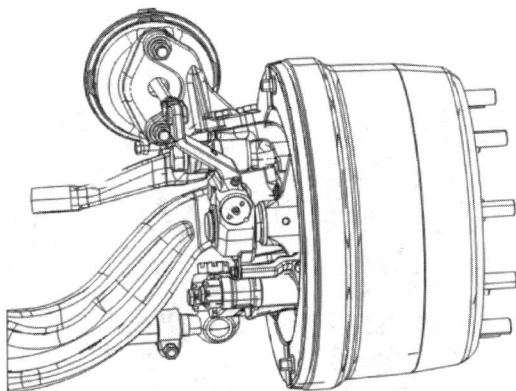

图 5-3-17　鼓式制动器自动调整臂

c．楔式制动器制动间隙的调整方法如下。

楔式制动器的制动器气室或油缸装在制动底板上，直接推动加工精度高的楔杆道过滚轮-滑柱结构张开制动蹄。该制动器结构紧凑，传动效率也比较高。每次更换新的制动摩擦片时，需要对制动间隙进行重新调整，蹄片间隙应通过调整楔块总成两侧的齿轮伸出量进行，其方法如下。

● 安装回位弹簧前，应顺时针方向旋转两侧齿轮（见图 5-3-18），使两侧柱塞向内移动。

图 5-3-18　楔块总成侧齿轮

● 将两侧齿轮距离调整到 164mm（J6），单侧至中心距离(82±0.25)mm，如图 5-3-19 所示。调整完毕后，确保保持架开口方向与示意图中一致。

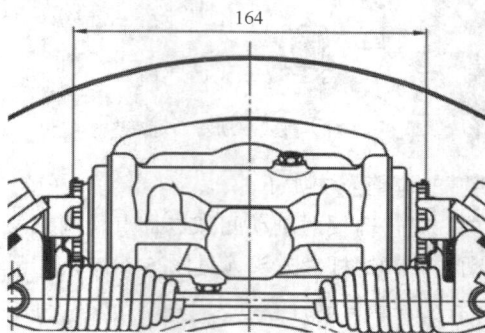

图 5-3-19　两侧齿轮距离示意图

● 安装回位弹簧后，用平头螺钉旋具穿过蹄片上的方孔调整齿轮，通过上下移动螺钉旋具微调调整齿轮的伸出量，如图 5-3-20 所示。

图 5-3-20　平头螺钉旋具调整齿轮伸出量

● 最终保证蹄片外圆尺寸为 408～409mm（见图 5-3-21），制动毂装配完成后应用塞规检查制动间隙，确保制动间隙为 0.8～1.2mm。调整、检查完后，装好检查孔上的堵塞。

● 进行若干次制动后，制动间隙会自动调整至正常范围。通常在使用中不需要调整制动间隙，但需定期检查，可通过挡尘盘检查孔检查制动间隙。

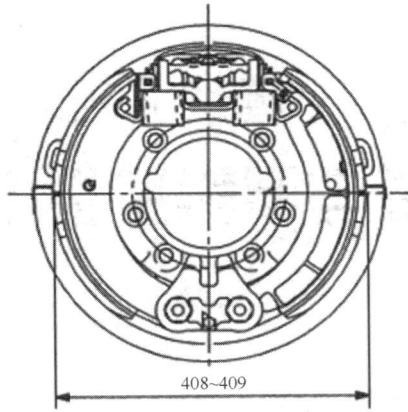

408~409

图 5-3-21　蹄片外圆尺寸示意图

学生笔记：

_____

_____

_____

_____

_____

_____

_____

模块 6
检查与保养空调系统

|任务 6.1　检查与维护空调系统|

6.1.1　任务信息

任务 6.1　检查与维护空调系统

姓名			班级	
学时			日期	
成绩			教师签名	
案例导入	车主孙先生想对车辆进行空调系统的检查和维护，但他不熟悉检查流程。如果你是服务站维修技师，你如何指导孙先生正确完成车辆空调系统的检查和维护			
任务目标	知识	1. 掌握空调功能的检查项目； 2. 掌握更换空调滤清器的方法； 3. 掌握清洁空调冷凝器的方法		
	技能	1. 能够按照正确规范完成对空调系统功能的检查； 2. 能够按照正确规范完成对空调系统的检查维护		
	素养	1. 树立安全操作意识； 2. 树立职业规范意识； 3. 树立对客户负责的责任意识		

6.1.2　任务准备

1. 实训车辆 4 台、常用工具 4 套、空调滤芯 4 个、气枪/水枪 4 把、挡块若干。
2. 媒体资源、文档资源。

6.1.3　任务实施

说明：通过查询"参考信息"、文档资源、媒体资源等，完成以下工作任务。

检查与维护空调系统

1. 检查实训车辆的空调功能。

（1）打开 AUTO 挡，鼓风机是否能够正常运转。　　　　　　□是　　　□否

（2）打开 AUTO 挡，液晶显示屏能够正常显示风速、环境温度和送风模式等信息。

　　　　　　　　　　　　　　　　　　　　　　　　　　　□是　　　□否

（3）旋转温度开关 TEMP，是否能够调节目标温度。　　　　□是　　　□否

（4）旋转鼓风机开关，鼓风机是否能够高低速正常转换。　　□是　　　□否

（5）按压 MODE 开关，送风模式是否能够正常转换。　　　　□是　　　□否

（6）按压 A/C 开关，压缩机是否能够起动工作。　　　　　　□是　　　□否

（7）按压 OFF 挡，空调系统是否能够关闭。　　　　　　　　□是　　　□否

（8）风窗加热、内外循环开关功能是否正常。　　　　　　　□是　　　□否

（9）各出风口出风量是否正常。　　　　　　　　　　　　　□是　　　□否

（10）风口调节功能是否正常。　　　　　　　　　　　　　□是　　　□否

2. 完成实训车辆空调滤清器的更换，记录更换步骤。

_____

_____

_____

3. 检查实训车辆空调冷凝器的状况，回答以下问题。

（1）空调冷凝器是否脏污？　　□是　　　□否

（2）如果脏污应该怎么清洁？

_____

_____

4. 进行实训场地 6S 管理。

6.1.4　参考信息

　　以自动空调为例，说明空调系统的功能检查，不同车辆的空调控制面板可能不同，但基本功能一致、检查方法一致。

1. 检查空调功能

　　如图 6-1-1 和图 6-1-2 所示，起动发动机执行以下检查。

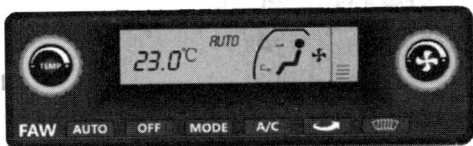

图 6-1-1　空调功能检查 1

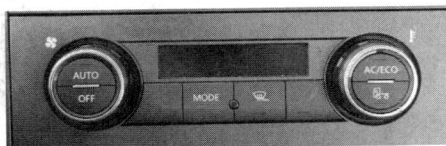

图 6-1-2　空调功能检查 2

① 打开 AUTO 挡，检查鼓风机是否能够运转，液晶显示屏是否能够正常显示风速、环境温度和送风模式等信息。

② 旋转温度开关 TEMP，检查是否能够调节至目标温度。

③ 旋转鼓风机开关，检查鼓风机能否高低速转换。

④ 按压 MODE 开关，检查送风模式能否正常转换。

⑤ 按压 A/C 开关，检查压缩机能否起动工作；按压 OFF 挡，检查空调系统能否关闭。

⑥ 检查风窗加热、内外循环开关功能是否正常。

⑦ 检查各出风口出风量是否正常、风口调节功能是否正常。

2. 更换空调滤清器

依据保养周期对空调滤清器进行检查或更换。

① 打开发动机舱盖。

② 拆卸空调滤清器进风口固定螺栓。

③ 图 6-1-3 所示为空气滤清器位置，取出旧的空调滤清器，依据保养周期进行清洁或更换新的空调滤清器。

更换空调滤清器

图 6-1-3　空调滤清器位置

3. 清洁空调冷凝器

每次保养时，需检查发动机前部的散热器及冷凝器是否脏污，如脏污则需进行清洁，方法参考如下。

如图 6-1-4 所示，在距离散热器及冷凝器表面 20m 左右的位置，使用气枪或水枪对其进行清洁。

图 6-1-4　清洁空调冷凝器

|任务 6.2　泄漏检查与加注制冷剂|

6.2.1　任务信息

任务 6.2　泄漏检查与加注制冷剂

姓名			班级	
学时			日期	
成绩			教师签名	
案例导入			郭先生发现自己车辆的制冷效果不如以前，将车辆开到维修站进行空调检查，经检查怀疑是制冷剂泄漏。你是维修站技师，你如何完成车辆的制冷剂泄漏检查及制冷剂加注	
任务目标	知识		1．掌握荧光检漏的方法； 2．掌握空调制冷剂加注的方法	
	技能		1．能够按照正确的流程完成车辆空调制冷剂的泄漏检查； 2．能够按照正确的流程完成车辆空调制冷剂的加注	
	素养		1．树立安全操作意识； 2．养成严谨细致的工作态度； 3．树立对客户负责的责任意识	

6.2.2　任务准备

1．实训车辆 4 台、荧光检漏设备（包括检测眼镜、紫光灯等）4 套、真空泵 4 个、歧管压力表 4 套、R134a 制冷剂 40 罐、R134a 专用压缩机冷冻润滑油 5 瓶。

2．媒体资源、文档资源。

6.2.3　任务实施

说明：通过查询"参考信息"、文档资源、媒体资源等，完成以下工作任务。

泄漏检查与加注制冷剂

1．以下是空调制冷剂泄漏检查的步骤，这里已将检漏步骤顺序打乱，需将正确的检漏步骤顺序在方框中用数字标出来，并按照正确步骤完成实训车辆的检漏。

□起动车辆，打开 A/C 开关，将温度调到最低、风量开到最大，等待 5min。

□戴上检漏眼镜，用紫光灯检查系统有无漏点，如果是微漏可第二天再查。

□将荧光剂管、加注枪、快接头组装好，拧开低压管加注帽，将快接头连接到低压端加注口上。

□操作压缩枪，加注量为荧光剂管上的一格左右，拔下快接头，拧上加注帽。

2. 空调制冷剂在加注前的准备工作有哪些？

_____

_____

_____

3. 写出空调制冷剂加注的正确顺序，并按照正确顺序完成对实训车辆制冷剂的更换。

A. 添加冷冻润滑油　　　　B. 低压补充加注　　　　C. 抽真空

D. 高压加注　　　　E. 准备工作

正确顺序：_____。

4. 空调制冷剂加注的注意事项有哪些？

_____

_____

5. 进行实训场地 6S 管理。

6.2.4　参考信息

1. 空调制冷剂泄漏检查

空调检漏的方法有很多，如目测检漏、肥皂水检漏、气体压差检漏、电子检漏和荧光检漏，本书主要介绍荧光检漏法。

① 将荧光剂管、加注枪、快接头组装好，拧开低压管加注帽，将快接头连接到低压端加注口上。

② 操作上一步组装好的压缩枪，加注量为荧光剂管上的一格左右，拔下快接头，拧上加注帽。

③ 起动车辆，打开 A/C 开关，将温度调到最低、风量调到最大，等待 5min。

④ 戴上检漏眼镜，用紫光灯检查系统有无漏点，如果是微漏可第二天再查。

2. 空调制冷剂加注

（1）准备工作

① 施工场地要通风良好、远离火源。

② 检测空调各挡位出风口是否正常，压缩机是否工作正常。

③ 将制冷系统内的旧制冷剂全部回收起来。

（2）添加冷冻润滑油

① 将歧管压力表的高压（红色）、低压（蓝色）软管分别接在高（H）、低（L）压侧气门阀上，将中间（黄色）软管与真空泵相连接，歧管压力表上的高、低压手动阀处于关闭状态。

② 拆下高压软管表头一端接头，连接到所需要加注的冷冻润滑油里，打开真空泵，打开歧管压力表上的低压手动阀，将冷冻润滑油吸进制冷系统内，在不换零件的情况下全部回收旧制冷剂所需要添加的冷冻润滑油油量为 8～15mL。

③ 吸完冷冻润滑油后把高压管接头连接到歧管压力表上，并关闭低压手动阀、真空泵。

（3）抽真空

① 打开歧管压力表上的高、低压手动阀，起动真空泵，连续抽 15min 后，至真空度达到

0.01～0.02MPa 时，关闭高、低压手动阀，观察低压表的指针，如压力回升，说明系统有泄漏，应修复后才能抽真空；若真空度不变，继续打开高、低压手动阀抽真空的时间不得少于 30min。

② 抽真空结束后，先关闭高、低压手动阀，再关闭真空泵，拆下中间软管。

（4）高压加注

① 高压加注时空调系统必须处于关闭状态。

② 将开瓶阀安装在制冷剂罐上，中间（黄色）软管连接到制冷剂罐的开瓶阀上。打开开瓶阀，松开中间软管接歧管压力表一头的接头两圈，有排气阀的直接按下排气阀，听到有漏气声音（利用制冷剂把中间软管内的空气排出）时拧紧中间软管接头。

③ 打开歧管压力表的高压手动阀，低压手动阀关闭，将制冷剂罐倒立，使液态制冷剂流入制冷系统内（此过程中发动机处于关闭状态）。

④ 加完一定量的制冷剂后，关闭高、低压手动阀，关闭制冷剂罐的开瓶阀。

（5）低压补充加注

① 低压加注时高压手动阀必须处于关闭状态。

② 起动发动机，打开 A/C 空调开关，将风速调至最大、温度调至最冷位置，发动机转速为 1 500～2 000r/min。

③ 将制冷剂罐正置（不允许倒立），打开低压手动阀，从低压管继续以气态加注制冷剂，制冷系统的正常压力为：低压侧 0.2～0.25MPa，高压侧 1.40～1.60MPa，实际压力按各车型要求加至正常压力。

④ 关闭低压手动阀，关闭制冷剂罐的开瓶阀。拆下歧管压力表，装回保护盖。

（6）注意事项

① 高压加注时空调系统必须处于关闭状态，低压手动阀处于关闭状态。

② 低压加注时高压手动阀必须处于关闭状态。

③ 每次更换制冷剂罐时都要排出中间软管内的空气。

④ 加注过程中制冷剂罐罐盖、罐底都不能朝向人，防止操作不当罐子爆破伤人。

学生笔记：

_____

_____

_____

_____

_____

_____

模块 7
检查车身电气系统

|任务 7.1 检查充电起动系统|

7.1.1 任务信息

任务 7.1 检查充电起动系统

姓名		班级	
学时		日期	
成绩		教师签名	
案例导入	某车主因车辆不能打火打电话向维修站求助，经维修站人员现场检查，发现是由于蓄电池严重亏电导致不能正常起动发动机，车主要求维修站人员介绍如何检查蓄电池是否亏电		
任务目标	知识	1. 了解蓄电池检查的项目； 2. 熟知起动性能的检查方法	
	技能	1. 能够规范地对蓄电池进行检查； 2. 能够规范地对起动性能进行检查	
	素养	1. 树立安全规范操作的意识； 2. 培养团队协作能力	

7.1.2 任务准备

1. 实训车辆 4 台、常用工具 4 套（套筒扳手组件、扭矩扳手、钳子组件）、万用表 4 个、蓄电池检测仪 4 个蓄电池充电机 4 台、蓄电池桩头保护剂若干；

2. 媒体资源、文档资源。

7.1.3　任务实施

说明：通过查询"参考信息"、文档资源、媒体资源等，完成以下工作任务。

检查充电起动系统

1. 执行蓄电池外观检查，观察外观损坏程度并在括号里记录结果。（画"√"或"×"）

□电池外观是否有鼓包、漏液。（　　　）

□检查电池固定螺栓是否松动。（　　　）

□检查电池桩头是否氧化腐蚀。（　　　）

□通过电池观察孔检查电池电量是否充足。（　　　）

2. 用蓄电池检测仪对蓄电池的性能进行检测，检测蓄电池电量状态并记录检查结果。

_____

_____

_____

_____

3. 对发电机的充电电压进行检查，观察发电机充电状态是否良好，并记录检查结果。

_____

_____

_____

_____

4. 执行起动机检查，记录检查要点及检查结果。（画"√"或"×"）

□起动机起动时是否有刺耳的金属打齿声或撞击声。（　　　）

□起动机运转时是否有力。（　　　）

□点火开关回到 ON 挡时，起动机是否立即停止。（　　　）

5. 开展组内自评与组间互评。

评价记录：_____

_____

_____

_____

6. 进行实训场地 6S 管理。

7.1.4　参考信息

1. 蓄电池

蓄电池是车辆所用电气线路工作的基础。只有蓄电池具备良好的性能才能保证车辆的正常运行，因此必须定期对低压蓄电池进行维护检查。目前车辆使用的蓄电池大多为免维护的铅酸蓄电池。本书针对免维护铅酸蓄电池进行讲述。

（1）外观检查

① 目视检查蓄电池（见图7-1-1）是否出现鼓包、漏液、壳体变形等情况，如果有任何明显的损坏则需更换蓄电池。

② 目视检查蓄电池的固定是否可靠，如有异常，应进行相应的紧固维修。

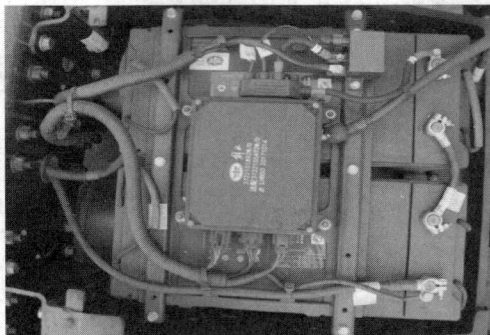

图7-1-1 蓄电池外观

蓄电池的检查

③ 目视检查蓄电池桩头（见图7-1-2）是否存在氧化腐蚀，如有应及时进行清理养护。

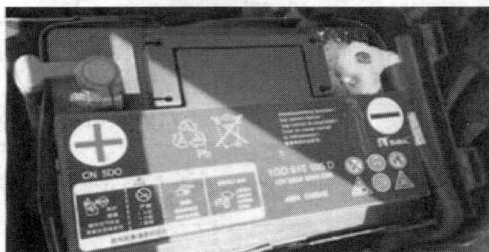

图7-1-2 蓄电池桩头

如果蓄电池桩头有腐蚀，在使用细砂纸打磨清洁、紧固蓄电池电缆后，用润滑脂涂抹其表面或用专用的蓄电池桩头保护剂对其进行保护，防止再次被氧化，如图7-1-3所示。

图7-1-3 蓄电池桩头及其保护剂

④ 观察蓄电池观察孔（见图7-1-4）。为了方便用户或维修技师初步确认蓄电池的状态，在有些蓄电池上设计有观察孔，依据观察孔的不同颜色来确定蓄电池的状态。

绿色：表明基本良好，准确的测量还需使用蓄电池测试仪进行。

黑色：表明蓄电池亏电，需进行充电。

透明或黄色：表明蓄电池电解质不足，需添加（可维护）或更换蓄电池（免维护）。

图 7-1-4　蓄电池观察孔

（2）性能测试

使用专用的蓄电池检测仪（见图 7-1-5）对蓄电池性能进行测试。

测试时按照蓄电池检测仪的要求，选择充电状态、冷起动电流选项，蓄电池检测仪会显示对应的测试结果。

蓄电池检测仪的测试结果大多以文字信息显示，如"蓄电池良好""蓄电池良好需充电""更换电池"等，如图 7-1-6 所示。

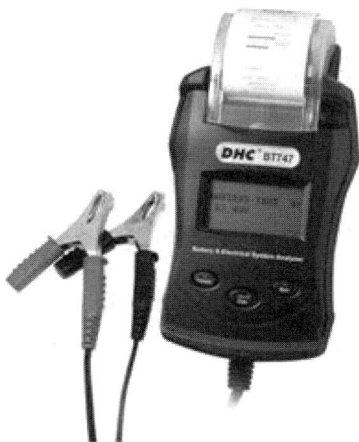

图 7-1-5　蓄电池检测仪

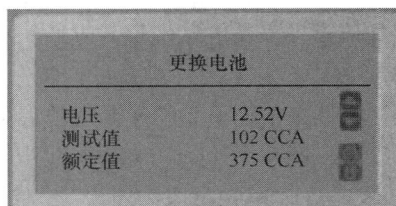

更换电池	
电压	12.52V
测试值	102 CCA
额定值	375 CCA

图 7-1-6　蓄电池检测仪显示屏

（3）蓄电池充电

蓄电池未发生过度亏电时可以使用（恒压）蓄电池充电机（见图 7-1-7）充电。

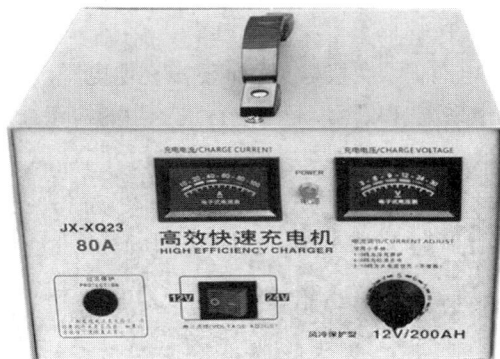

图 7-1-7　蓄电池充电机

充电时间：依据蓄电池的亏电程度确定，一般为 4～16h。

恒流充电：充电电流为蓄电池容量的 1/10，当端电压变化≤0.05V/h 时，视为已充足电。

恒压充电：电池未发生过度亏电时可以使用此方法充电，恒压充电要进行限流，充电电压为 26V，最大充电电流为蓄电池容量的 1/10（最大不超过 25A），直到充电电流接近零值，而且 2～3h 内不变化，视为电已充足。

注意：连接或断开蓄电池电缆、蓄电池充电机或跨接电缆时，务必将点火开关置于 OFF 位置，否则可能损坏发动机控制模块、动力系统控制模块或其他电子元件。

蓄电池充电步骤参考如下。

① 关闭蓄电池充电机。

② 确保所有蓄电池端子清洁且连接紧固。

③ 将蓄电池充电机正极引线连接至蓄电池正极端子。

注意:切勿将蓄电池充电机的负极引线连接至车辆其他电气附件或装置的外壳上，否则蓄电池充电器可能损坏这些装置。

④ 将蓄电池充电机负极引线连接至发动机舱牢固的发动机搭铁上。

注意：连接充电线路时，要确保正、负极不要出现操作失误从而引起短路。

⑤ 接通蓄电池充电机并设置为正常充电的合适充电电压和电流。

⑥ 启用蓄电池充电机后，每半小时检查一次蓄电池。

⑦ 触摸蓄电池侧面，估计蓄电池的温度。如果触摸时感觉太热或者其温度超过 45℃，则中断充电并在蓄电池冷却后恢复充电。

⑧ 充电后，使用蓄电池检测仪对蓄电池进行测试。

⑨ 在充电使用过程中应注意保持蓄电池排气孔的通畅，避免火焰、火花等明火的靠近，防止爆炸等意外事故的发生。

（4）充电电压检查

为了判断车辆充电系统是否正常，在日常保养维护中，需对充电系统的充电电压进行检查，如图 7-1-8 所示。检查步骤如下。

① 起动发电机并怠速运行。

② 关闭车辆附件用电设备。

③ 用万用表在蓄电池正、负极桩头之间测量充电电压，正常值应该在 24.5～28V，如果电压值异常，表明充电系统有故障，需要进行进一步的检查维修。

④ 开启车辆大功率的用电设备，比如开启后风窗玻璃加热功能、打开空调、将鼓风机风量调整到最大、打开前照灯等。

⑤ 再次用万用表在蓄电池正、负极桩头之间测量充电电压，正常值应该在 24.5～28V，如果电压值异常，表明充电系统有故障，需要进行进一步的检查维修。

图 7-1-8　充电电压检查

2. 起动机性能检查

起动机（见图 7-1-9）性能的主要检查项目如下：起动机运转时，是否有力；起动时，是否有刺耳的金属打齿声或撞击声；点火开关回到 ON 挡时，起动机是否立即停止工作，且没有异常噪声。

如以上检查存在异常，需及时进行检修。

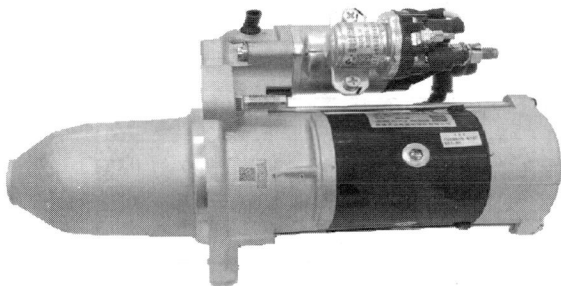

图 7-1-9　起动机

任务 7.2　检查灯光与扬声器

7.2.1　任务信息

任务 7.2　检查灯光与扬声器

姓名		班级	
学时		日期	
成绩		教师签名	
案例导入		如果你是一名维修技师，维修保养工作中，你需要独立地对灯光与扬声器的性能进行检查	
任务目标	知识	1. 了解灯光检查的项目； 2. 了解扬声器检查的项目	
	技能	1. 能够规范地检查灯光； 2. 能够规范地检查扬声器	
	素养	1. 树立规范的操作意识； 2. 提升对车身电气系统的检查能力	

7.2.2　任务准备

1. 实训车间、库房、实训车辆 2 台、常用工具 4 套（套筒扳手组件、扭矩扳手、钳子组件）。

2. 媒体资源、文档资源。

7.2.3　任务实施

说明：通过查询"参考信息"、文档资源、媒体资源等，完成以下工作任务。

检查灯光与扬声器

1．检查外部灯光，记录外部灯光的名称及灯光完好情况。

_____

_____

2．检查内部灯光，记录内部灯光的名称及灯光完好程度。

_____

_____

3．检查扬声器功能，记录扬声器的发音情况。

_____

_____

4．开展组内自评与组间互评。

评价记录：_____

_____

_____

5．进行实训场地 6S 管理。

7.2.4　参考信息

1．灯光功能检查

（1）外部灯光检查

在检查灯光系统时，需要两人配合完成，一位技师在车内操作，另一位技师在车外观察灯光是否点亮。两位技师必须遵守一定的操作顺序，推荐的检查顺序是：示廓灯（小灯）、近光灯、远光灯（含变光）、左转向灯、右转向灯、应急灯、前雾灯、后雾灯、驾驶室后照灯、制动灯和倒车灯，如图 7-2-1 所示。

灯光的检查

图 7-2-1　汽车外部灯光

（2）内部灯光检查

内部灯光有踏步灯、室内灯、阅读灯、卧铺灯和背景灯，保养时，需分别进行检查。

① 踏步灯检查。检查踏步灯时，开、关两侧前门，对应侧踏步灯应能够正常打开和关闭，如图 7-2-2 所示。

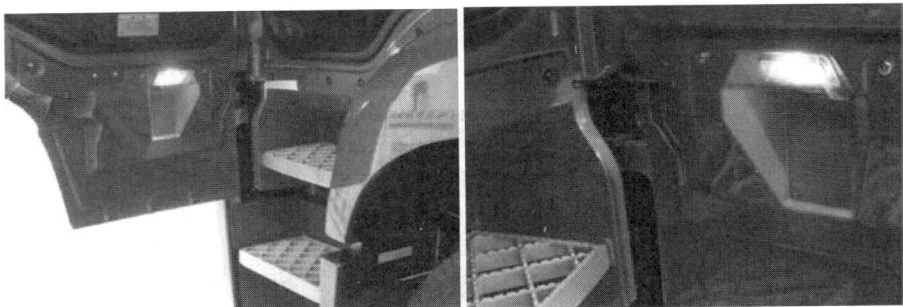

图 7-2-2　踏步灯示意图

② 室内灯、阅读灯检查（见图 7-2-3）。分别打开左、右室内灯开关，左、右室内灯能够正常点亮；分别关闭开关，灯能够正常熄灭。分别打开左、右两侧阅读灯开关，左、右两侧阅读灯能够正常点亮；分别关闭开关，灯能够正常熄灭。

图 7-2-3　室内灯、阅读灯示意图

③ 卧铺灯检查（见图 7-2-4）。检查卧铺灯时，分别打开上、下卧铺灯开关，上、下卧铺灯能够正常点亮；分别关闭开关，灯能够正常熄灭。

④ 小灯检查。打开小灯检查背景灯，各开关的背景灯会正常点亮，如图 7-2-5 所示。

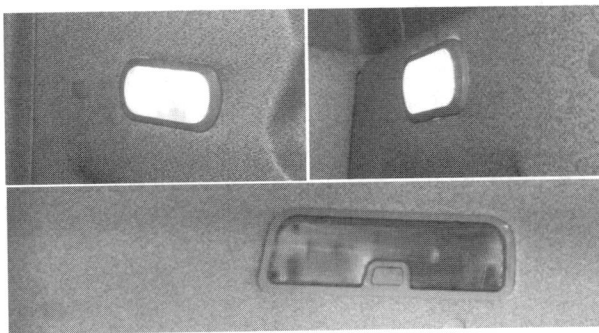

图 7-2-4　卧铺灯示意图

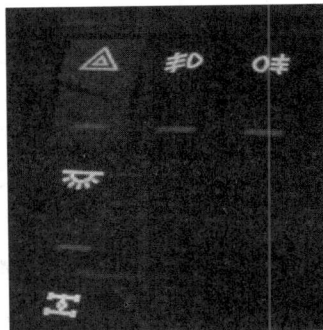

图 7-2-5　小灯示意图

2. 扬声器功能检查

按压转向盘上的扬声器开关（图 7-2-6），正常情况下，应表现如下。

（1）选择电动状态时，电动式扬声器能够响起。

（2）选择气动状态时，气动式扬声器能够响起。

（3）电动式扬声器和气动式扬声器声音大小有差别，气动式扬声器比电动式扬声器声音更大，两者声音均洪亮无嘶哑。

图 7-2-6　扬声器开关

｜任务 7.3　检查仪表与多媒体｜

7.3.1　任务信息

任务 7.3　检查仪表与多媒体

姓名			班级	
学时			日期	
成绩			教师签名	
案例导入	客户购买了一辆商用车，但是对于新车内部的仪表含义及多媒体的使用不熟练，你作为一名技术人员需要为客户作详尽的介绍			
任务目标	知识	1. 了解车内仪表板上各个仪表的含义； 2. 熟知多媒体功能的检查方法		
	技能	能够对仪表及多媒体在使用过程中出现的异常情况进行判断		
	素养	1. 树立安全操作意识、6S 管理意识； 2. 培养语言表达能力及判断问题的能力； 3. 培养严谨的工作态度		

7.3.2　任务准备

1. 实训车辆 4 台、挡块若干。

2. 媒体资源、文档资源。

7.3.3　任务实施

说明：请查看相关的媒体资源、文档资源和"参考信息"，完成以下工作任务。

检查仪表与多媒体

1. 检查仪表时，正常情况下，将车辆起动后，仪表上大多数_____和_____指示灯应该熄灭。

2. 着车后发动机怠速运行，发动机转速表稳定指示在_____r/min 左右为正常。

3. 着车后随着冷却液温度的升高，其正常温度范围为_____。冷却液温度在_____之内都属于正常。

4. 打开点火开关，燃油表指针应能够指示在液面的正确位置：_____表示燃油箱为空；_____表示燃油箱为满。

5. 请写出图中 5 个区域分别表示什么含义。

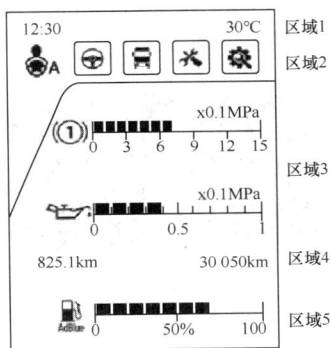

区域 1：_____

区域 2：_____

区域 3：_____

区域 4：_____

区域 5：_____

6. 写出下列仪表的名称。

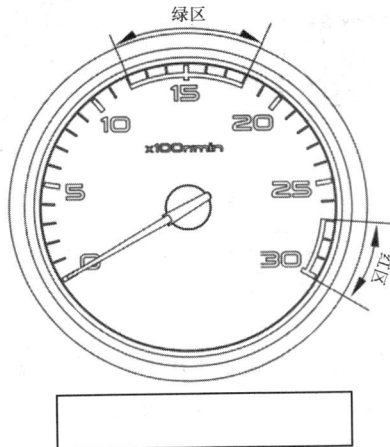

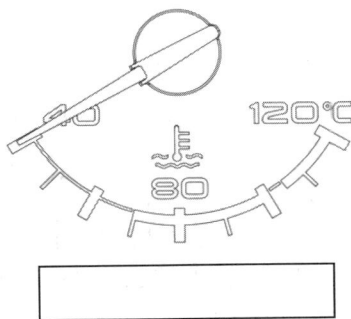

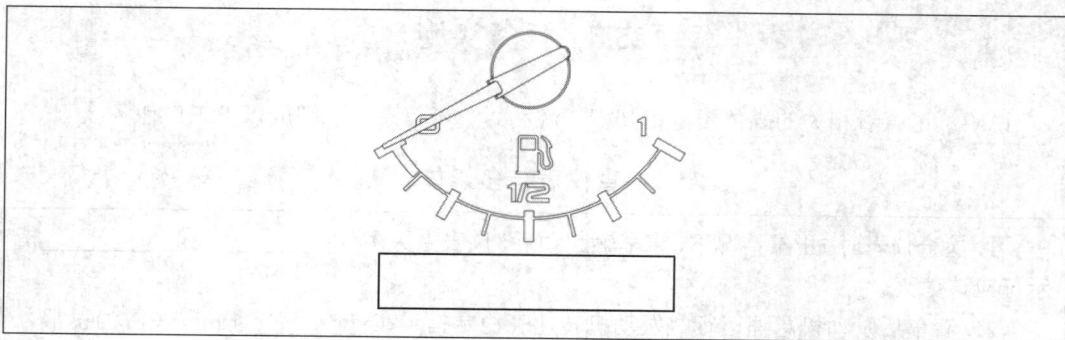

7.3.4 参考信息

仪表检查

仪表虽然结构特点不同，但每个其指示灯功能几乎一样。这里以 J7 车型最新款的仪表为例，说明保养检查时的方法和注意事项，如图 7-3-1 所示。

图 7-3-1 汽车上的各种仪表

（1）仪表背景灯和故障指示灯检查

如图 7-3-2 所示，在打开点火开关到 ON 挡时，检查仪表故障指示灯点亮情况，正常情况下，将车辆起动后，仪表上大多数红色（蓄电池灯、机油压力灯）和黄色指示灯（发动机故障灯）应该熄灭。

图 7-3-2 仪表背景灯和故障指示灯检查

仪表盘的介绍

（2）发动机转速表检查

图 7-3-3 所示为发动机转速表，着车后发动机怠速运行，发动机转速表应稳定指示在 650r/min 左右。发动机熄火后，发动机转速表的指针应能够回到零位。

（3）发动机冷却液温度表检查

图 7-3-4 所示为发动机冷却液温度表，着车后随着冷却液温度的升高，其正常温度范围为 75～95℃。冷却液温度在 105℃之内都属于正常，无须担心冷却液温度过高问题。

如果指针指示值超过 106℃，则报警灯点亮，表明发动机过热，需进行检修。

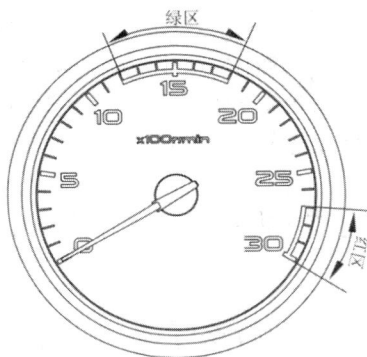

图 7-3-3　发动机转速表

（4）燃油表检查

图 7-3-5 所示为燃油表，打开点火开关，燃油表指针应能够指示在液面的正确位置："0"表示燃油箱为空；"1"表示燃油箱为满。

注意：指针接近红区时，应及时补充燃油，否则供油系统会进入空气，再次起动时需进行排气。

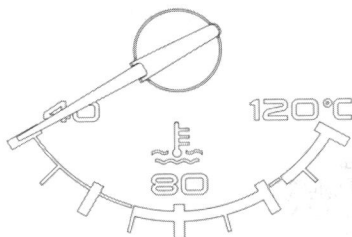

图 7-3-4　发动机冷却液温度表

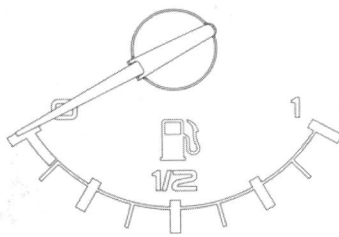

图 7-3-5　燃油表

（5）液晶显示区检查

图 7-3-6 所示为液晶显示区，分别对主、副液晶显示区进行检查，检查液晶屏有无破损、显示异常等。

① 区域 1 显示当前时间和外部温度，应大体和当前实际情况一致。

② 区域 2 应正确显示当前驾驶员选择（驾驶员 A/B/O）及 4 个菜单图标。

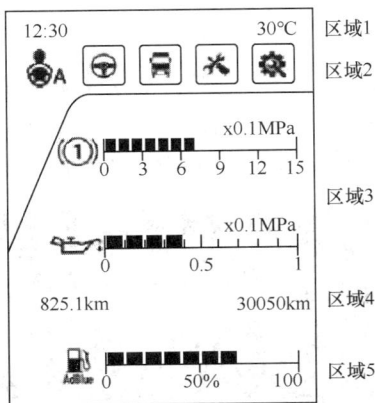

图 7-3-6　液晶显示区

③ 在区域 3 检查显示的制动气压是否在 0.7~0.8MPa，如果显示不正确，应检修制动系统或仪表总成；着车情况下，检查发动机机油压力显示是否在 0.22~0.65MPa，如果压力值低于 0.07MPa，说明有故障，应立即关闭发动机，检修发动机仪表总成。

④ 区域 4 左侧数字显示的是车辆单次行驶里程，右边数字显示的是车辆总行驶里程，在检查时只需记录数值即可。

⑤ 区域 5：检查尿素液位数据及状态条，0~15%表示尿素箱为空，90%~100%表示尿素箱为满。

（6）多媒体功能的检查

图 7-3-7 所示为车辆多媒体形式，多媒体主机功能有区别，但检查方法基本相同。

① 检查多媒体开关机功能。在点火开关处于 ACC 挡或 ON 挡状态下，按压多媒体开关键，应该能够正常关闭或打开多媒体，检查液晶显示区能否正常显示。

② 检查音响音量调整功能。在音响开机的状态下，点击音量调节按键，音量能够均匀地增大或减小。

③ 检查扬声器的功能。将音响音量调整到适合位置，仔细聆听每门扬声器是否发声、声音是否有劈裂声或电流干扰声。如果有异常应该进行进一步的检查与维修。

④ 检查收音机功能。点击收音机按键应能进入收音机界面。按下自动搜寻按键，应该能搜寻到电台，并自动停下。如果反复搜索，不能停止，说明收音机功能异常，需进一步检查与维修。

⑤ 检查 USB 接口功能，应正常。

图 7-3-7　车辆多媒体

（7）行驶记录仪检查

图 7-3-8 所示为车辆行驶记录仪。对行驶记录仪存储器容量检查对，因涉及个人隐私，需征得客户同意才能进行。检查内容：检查行驶记录仪通电后，液晶显示屏的显示是否正常；检查行驶记录仪各菜单按键的功能是否正常；检查打印机工作性能是否良好，打印纸是否充足。

图 7-3-8　行驶记录仪

|任务 7.4　检查电动系统|

7.4.1　任务信息

任务 7.4　检查电动系统

姓名		班级	
学时		日期	
成绩		教师签名	
案例导入		客户购买了一辆商用车，但是对于电动部件的使用不熟练，你作为一名技术人员需要为客户进行详尽的介绍和示范	
任务目标	知识	1．了解中控功能、遥控功能、刮水系统功能、电动车窗功能和后视镜功能的检查方法； 2．了解气动座椅功能、驾驶室翻转功能和驾驶室天窗功能的检查方法	
	技能	能够针对检查过程中出现的简单故障进行处理	
	素养	1．树立安全操作意识、6S 管理意识； 2．语言表达能力及判断问题的能力； 3．培养严谨的工作态度	

7.4.2　任务准备

1．维修车间，实训车辆 4 台，刮水片若干，冰点测试仪 4 台，各种维修设备若干，挡块、液压油、刮水器清洗液、若干。

2．媒体资源、文档资源。

7.4.3　任务实施

说明：请查看相关的媒体资源、文档资源和"参考信息"，完成以下工作任务。

检查电动系统

1．钥匙及中控功能应该如何检查？

_____

_____

2．在检查刮水片的过程中，刮水片什么状态表示其功能良好？

_____

_____

3．有骨刮水器和无骨刮水器的更换要点是什么？

有骨刮水器：＿＿＿＿＿＿＿＿＿＿＿＿＿＿＿＿＿＿＿＿＿＿＿＿＿＿

＿＿＿＿＿＿＿＿＿＿＿＿＿＿＿＿＿＿＿＿＿＿＿＿＿＿＿＿＿＿＿＿

无骨刮水器：＿＿＿＿＿＿＿＿＿＿＿＿＿＿＿＿＿＿＿＿＿＿＿＿＿＿

＿＿＿＿＿＿＿＿＿＿＿＿＿＿＿＿＿＿＿＿＿＿＿＿＿＿＿＿＿＿＿＿

4．检查电动车窗对其何种状态表示功能完善？

＿＿＿＿＿＿＿＿＿＿＿＿＿＿＿＿＿＿＿＿＿＿＿＿＿＿＿＿＿＿＿＿

＿＿＿＿＿＿＿＿＿＿＿＿＿＿＿＿＿＿＿＿＿＿＿＿＿＿＿＿＿＿＿＿

5．请在下图中圈出：①左/右外后视镜选择按钮；②后视镜镜片角度调整按钮；③电加热镜片除霜按钮。

6．气动座椅有哪些功能？

＿＿＿＿＿＿＿＿＿＿＿＿＿＿＿＿＿＿＿＿＿＿＿＿＿＿＿＿＿＿＿＿

＿＿＿＿＿＿＿＿＿＿＿＿＿＿＿＿＿＿＿＿＿＿＿＿＿＿＿＿＿＿＿＿

＿＿＿＿＿＿＿＿＿＿＿＿＿＿＿＿＿＿＿＿＿＿＿＿＿＿＿＿＿＿＿＿

7．写出驾驶室翻转功能检查的内容，并完成对实训车辆驾驶室翻转功能的检查。

＿＿＿＿＿＿＿＿＿＿＿＿＿＿＿＿＿＿＿＿＿＿＿＿＿＿＿＿＿＿＿＿

＿＿＿＿＿＿＿＿＿＿＿＿＿＿＿＿＿＿＿＿＿＿＿＿＿＿＿＿＿＿＿＿

＿＿＿＿＿＿＿＿＿＿＿＿＿＿＿＿＿＿＿＿＿＿＿＿＿＿＿＿＿＿＿＿

8．完成对实训车辆驾驶室天窗功能的检查，记录检查结果。

＿＿＿＿＿＿＿＿＿＿＿＿＿＿＿＿＿＿＿＿＿＿＿＿＿＿＿＿＿＿＿＿

＿＿＿＿＿＿＿＿＿＿＿＿＿＿＿＿＿＿＿＿＿＿＿＿＿＿＿＿＿＿＿＿

＿＿＿＿＿＿＿＿＿＿＿＿＿＿＿＿＿＿＿＿＿＿＿＿＿＿＿＿＿＿＿＿

9．开展组内自评与组间互评。

评价记录：＿＿＿＿＿＿＿＿＿＿＿＿＿＿＿＿＿＿＿＿＿＿＿＿＿＿＿

＿＿＿＿＿＿＿＿＿＿＿＿＿＿＿＿＿＿＿＿＿＿＿＿＿＿＿＿＿＿＿＿

＿＿＿＿＿＿＿＿＿＿＿＿＿＿＿＿＿＿＿＿＿＿＿＿＿＿＿＿＿＿＿＿

＿＿＿＿＿＿＿＿＿＿＿＿＿＿＿＿＿＿＿＿＿＿＿＿＿＿＿＿＿＿＿＿

7.4.4　参考信息

1．中控、遥控功能检查

（1）钥匙及中控功能检查

① 检查钥匙是否能够正常折叠和打开。

② 遥控钥匙插入车门钥匙孔后，向车头方向旋转能锁上车门，向车尾方向旋转能够解锁车门。

注意：当点火开关处于 ON 挡状态时，遥控钥匙不起作用。

（2）遥控器检查

① 两门关闭情况下，按压解锁键，两侧车门应能够同时解锁，所有转向灯闪烁两次。

② 两门关闭情况下，按压闭锁键，两侧车门应能够同时闭锁，所有转向灯闪烁一次。

③ 遥控解锁车门后 40s 内未打开车门，两侧车门应能够同时自动闭锁。

④ 若车门玻璃处于打开状态，且两侧车门均关闭情况下，触发遥控器闭锁键时间大于 1s 时，两侧车门玻璃应能够自动上升到上止点。

⑤ 如遥控钥匙状态指示灯出现闪烁，则需要更换遥控钥匙电池。

2. 刮水系统

（1）刮水功能检查

在检查刮水系统时，同样需要两位技师配合完成。图 7-4-1 所示为刮水执行手势，一位技师在车外通过手势指令车内技师操作对应的功能，车外技师对车辆功能进行检查确认。技师手势动作应该标准、有力，并且按照一定顺序进行。车外技师站在车前或车后指令车内技师开启刮水器。刮水器的检查手势：双手同时出示食指与中指，手指指向上方。车内技师得到指令后，打开点火开关到 ON 挡，然后执行刮水器/清洗器功能动作。风窗玻璃刮水器有以下 4 个工作位置（见图 7-4-2）：OFF 为系统关闭；INT 为间歇操作；LO 为以低速连续刮水；HI 为以高速连续刮水。根据车型不同，有的车辆配备的刮水器间歇操作模式可以调节间歇挡的刮水速度。可以上下转动操纵杆上的箍圈，选择合适的刮水速度。当刮水臂在风窗玻璃高位运行时，关闭前刮水器开关（OFF 挡），刮水臂能自动运行到最低位置。车外技师或车内技师通过观察，确认刮水臂是否能够正常工作。

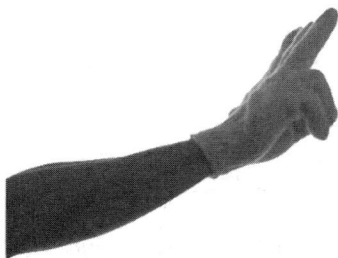

雨刷功能的检查

图 7-4-1　刮水执行手势

图 7-4-2　风窗玻璃刮水器操作杆

（2）刮水片的检查与更换

① 刮水片检查。

执行刮水功能的操作，正常刮水片运行平稳，没有异常噪声，玻璃表面干净均匀。

如果刮水效果较差，观察刮水片胶条表面是否存在老化、破损等现象，如有应该进行更换。

图 7-4-3 所示为车辆刮水片，如刮水片无明显磨损，可使用沾有清洁剂的毛巾，擦拭刮水片表面，清理上面粘留的灰尘、油污等，清洁完成后，喷水检查刮水片刮水效果。如果效果不佳，应更换刮水片总成。

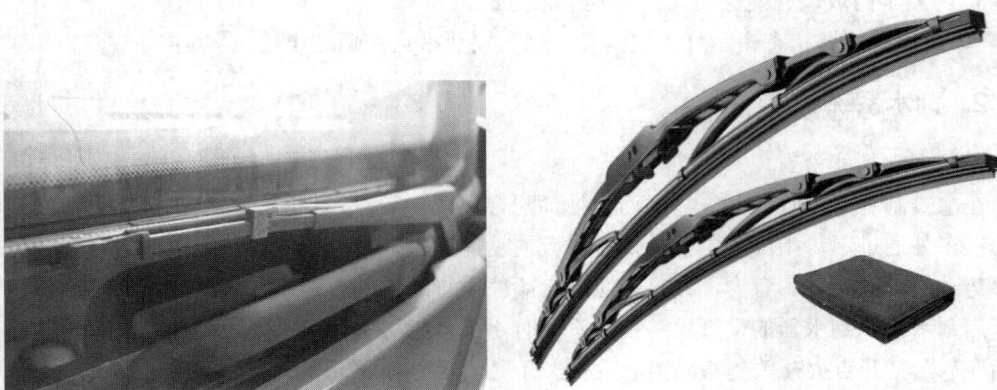

图 7-4-3　刮水片

② 刮水片更换。目前常见的刮水片分为有骨刮水片和无骨刮水片两种。

a．有骨刮水片更换方法。

关闭刮水开关，关闭点火开关（OFF 挡）；按住刮水片固定卡夹，从刮水臂上拔出刮水片，将新刮水片安装至刮水臂上；执行刮水工作，检查刮水运行是否正常，刮得是否干净。

b．无骨刮水片的更换方法。

关闭刮水开关，关闭点火开关（OFF 挡），按下刮水片固定卡夹，同时从刮水臂上拔出刮水片，将新刮水片安装至刮水臂上；执行刮水工作，检查刮水运行是否正常，刮得是否干净。

（3）刮水器清洗液液位检查

观察刮水器清洗液存储壶液位是否正常，如不足需补充，如图 7-4-4 所示。

图 7-4-4　刮水器清洗液液位检查

（4）刮水器清洗液冰点检查

在天气寒冷时，要求刮水器清洗液不能结冰，否则将导致洗涤功能失效等问题，所以要求必须使用合格冰点的刮水器清洗液。使用冰点检测仪可以有效地检测刮水器清洗液冰点是否符合要求，检查方法与冷却液相同，在此不再赘述。图 7-4-5 所示为冰点测试仪测量方法。

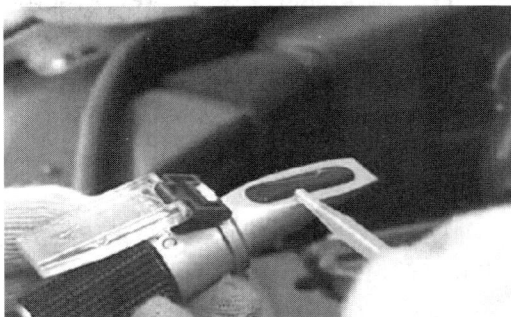

图 7-4-5　用冰点测试仪测量刮水器清洗液冰点

（5）喷水功能检查

刮水器喷水是刮水器的重要辅助功能，可以更有效地进行风窗玻璃的清洗。喷水检查手势：车外技师站在车前或车后，使用手势指令车内技师开启前或后喷水。大拇指与食指收回，出示其他三指并指向上方。

车内技师得到指令后，点火开关打开（ON 挡），刮水器执行刮水器喷水操作。同时，车外技师观察喷水的力度及角度是否合适，如有问题应及时进行调整或维修。

需要注意的是，当刮水器清洗液存储壶内没有清洗液时，不要长时间使洗涤泵工作，否则容易烧毁洗涤泵。

（6）喷水角度的调整

如图 7-4-6 所示，刮水器喷水位置应该正对玻璃中部，如果喷水位置过高或过低都为不正常，需要对喷嘴位置进行调整或更换。

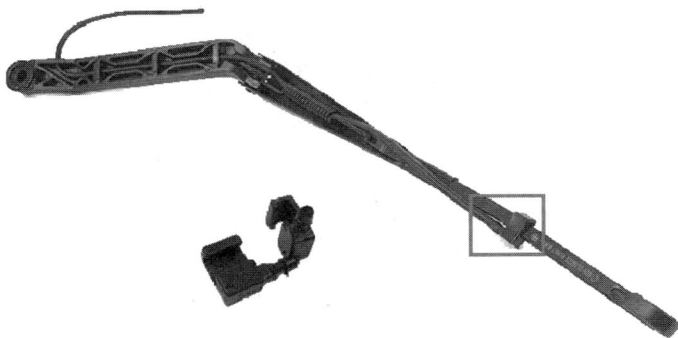

图 7-4-6　刮水器喷水角度调整

3. 电动车窗功能检查

图 7-4-7 所示为电动车窗按键。操作电动车窗时，点火开关必须处于 ON 位置。检查左前门玻璃升降器开关能否控制两门玻璃的升降；检查右侧玻璃升降器开关能否控制右侧玻璃的升降。需要注意的是，左门右侧按键对右门玻璃升降的控制优先于右门上的控制按键。

图 7-4-7　电动车窗按键

4. 后视镜功能检查

如图 7-4-8 所示，电动外后视镜调节面板包括 3 个按键：左/右外后视镜选择按键①、后视镜镜片角度调整按键②和电加热镜片除霜按键③。

图 7-4-8 所示为后视镜功能检查的各个按键，后视镜调节功能检查如下。

① 调节左外后视镜。

首先，将滑动按键①滑至 L 侧；再通过按键②调节镜片左右旋转、俯仰旋转，镜片角度应能顺畅地进行调节。

② 调节右外后视镜。

首先，将滑动按键①滑至 R 侧；再通过按键②调节镜片左右旋转、俯仰旋转，镜片角度应能顺畅地进行调节。

③ 外后视镜加热功能检查。

按一下电加热镜片除霜按键、左、右外后视镜加热功能将同时开启。开启后，再按一下按键③即可关闭加热功能。根据结霜情况不同，电加热功能开启 5～15min 后，镜面霜雾应能明显去除。

注意：只有打开点火开关时，电动后视镜调节功能才可启用，外后视镜加热器才能工作。

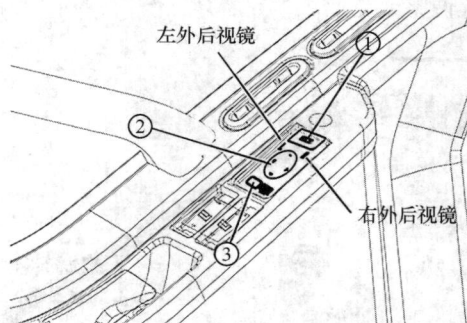

图 7-4-8　后视镜功能检查的各个按键

5. 气动座椅功能检查

驾驶员座椅有如下功能：座椅前、后位置调整；座椅快速充、放气调整；减振器阻尼调整；坐垫角度调整；座椅高度调整；靠背角度调整；上、下腰托调整；坐深调整；座椅加热、通风功能。

检查方法如下。

① 抬起座椅前、后移动机构把手，座椅能够顺利地前后移动且不卡滞；放下座椅移动

把手，座椅能够锁住。

② 操作坐垫减振软硬开关，能够根据驾驶员体重进行减振软硬调节，调节后能够正常锁住。

③ 操作座椅整体高度调节开关，座椅整体高度能够上升和下降。分别操作坐垫前、后高、低调节开关，坐垫能够前、后、高、低调节，且能锁住。

④ 操作座椅靠背倾斜调节开关，座椅靠背能够前、后倾斜角度，且能锁住。

⑤ 起动车辆，操作座椅靠背按摩开关、座椅加热开关、座椅通风开关，应能正常工作。

以上检查如有异常，应及时进行检修。

6. 驾驶室翻转功能及液压系统检查

（1）驾驶室翻转功能检查

在驾驶室翻转之前，应将车辆停泊在水平路面上，将变速器置于空挡，拉起手动阀，关好车门、打开前围外板。

顺时针扳动手动泵上的换向杆（见图 7-4-9），使其转至举升位置（竖直向上），按住控制开关的同时，使用内六角扳手操作，观察驾驶室是否能向前翻转，且能翻转到最大位置。松开控制开关，驾驶室回落时，扳动换向杆至回落位置（水平向后），按住控制开关，驾驶室是否能回落、向后翻转，直至驾驶室下降到最低位置。

如上述检查有异常应及时进行检修。

注意：在驾驶室的举升、回落过程中，驾驶室前方、后方不允许有人。

图 7-4-9　手动泵上的换向杆

（2）液压系统检查

清理驾驶室，翻转液压缸注油塞排气孔。如需要注油保养，应按照以下步骤操作。

① 打开注油塞（见图 7-4-10），扳动换向杆至回落位置，将注油枪压杆头插入柱塞口内。

② 当油液平面达到注油口处时，压动压杆操作，加速油液进入。

③ 实现翻转和回落驾驶室 1～2 次，以实现油液排气，然后拧紧注油塞。

注意：注油时，系统注油量为（780±20）mL，所加注油液必须为地面用 10 号航空液压油。并且一定要保持环境清洁，不能有灰尘、纤维、羽毛等杂物混入液压油中。

7. 驾驶室天窗功能检查

如图 7-4-11 所示，检查天窗开关功能是否正常。天窗应能够正常调节，无卡滞现象。

图 7-4-10　注油塞

图 7-4-11　天窗

| 任务 7.5　检查其他电气设备及附件 |

7.5.1　任务信息

任务 7.5　检查其他电气设备及附件

姓名		班级	
学时		日期	
成绩		教师签名	
案例导入	客户购买了一辆商用车，但是对点火开关、倒车雷达等电气设备的功能和使用方法不够了解，你作为销售人员要向客户介绍这些电气设备的功能，并且让客户学会在长途出行之前对基本功能进行检测		
任务目标	知识	1．掌握检查点火开关挡位功能、倒车雷达/影像功能和点烟器功能的方法； 2．掌握检查逆变器功能和安全带功能的方法	
	技能	能够针对检查过程中出现的简单故障进行处理	
	素养	1．提高分析问题、处理问题的能力； 2．提升语言表达能力； 3．养成严谨细致的工作态度	

7.5.2　任务准备

1．维修车间、实训车辆 4 台、各种维修设备若干、挡块若干。
2．媒体资源、文档资源。

7.5.3　任务实施

说明：请查看相关的媒体资源、文档资源和"参考信息"，完成以下工作任务。

检查其他电气设备及附件

1．请写出下图中点火开关每个挡位的含义。

_____

_____

_____

_____

2．请写出倒车雷达/影像功能的检查步骤。

_____

_____

_____

3．执行点烟器及 24V 供电口检查的时候，应将点火开关拧到_____或_____位置，将点烟器_____，当点烟器准备好使用时会_____。

4．检查逆变器时，指示灯熄灭，表示_____；指示灯显示绿色，表示_____；指示灯显示红色，表示_____。

5．检查安全带扣时，表面_____，用手迅速拉能立即_____，放手后能自动_____，能顺畅_____。

6．开展组内自评与组间互评。

评价记录：_____

_____

_____

_____

7.5.4　参考信息

1. 点火开关挡位检查

点火开关挡位检查方法如下（见图7-5-1）。

① 将点火开关打开到 ACC 挡、ON 挡和 S 挡，转动应灵活无卡滞。

② 将点火开关打开到 ACC 挡时，收音机、点烟器等应该能控制工作。将点火开关打开到 ON 挡时，仪表上的大部分指示灯点亮，空调、鼓风机等均可以工作。

③ 将点火开关打开到 S 挡时，车辆可以运行。

图 7-5-1　点火开关

点火开关挡位
的介绍

2. 倒车雷达/影像功能检查

倒车雷达/影像（见图7-5-2）功能的检查步骤参考如下。

① 打开点火开关。

② 点击多媒体开关，打开多媒体。

③ 挂上倒挡。

④ 从车辆后方依次走进后部雷达探头，车内会传来蜂鸣声，距离越近，蜂鸣声的频率越高。

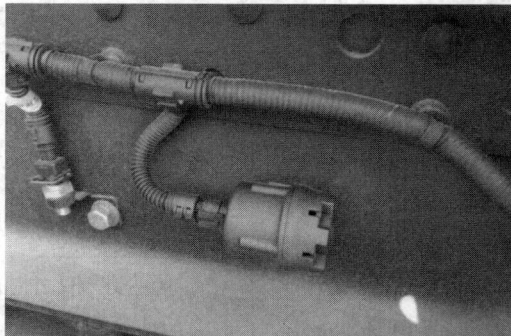

图 7-5-2　倒车雷达/影像功能

3. 点烟器及 24V 供电口检查

将点火开关拧到 ACC（电气附件）或 ON（接通）位置，将点烟器推到底。当点烟器已准备好使用时会自动弹出。如图 7-5-3 所示，24V 电源供电插座位于仪表板中部、点烟器右侧，图 7-5-3 中有两个 24V 电源供电插座，可为 24V 用电设备提供电源。插上插座后，相应用电设备应可正常使用。

图 7-5-3　点烟器及 24V 供电口

4. 逆变器检查

如图 7-5-4 所示，在驾驶员侧和副驾驶侧后方卧铺挡板上分别布置 1 个 220V 电源插座，逆变器布置在驾驶室工具箱内。

接通 220V 电源插座本体开关（I：接通，O：断开），220V 电源插座上有状态指示灯。

① 指示灯熄灭，表示没有 220V 电源输出。

② 指示灯显示绿色，表示有 220V 电源输出，且工作正常。

③ 指示灯显示红色，表示发生了工作异常，应立即断开用电设备，检查用电设备是否超过额定负载，并更换电源插座标记额定功率（300W 或 1 000W）以内的用电设备；否则，需要进行检修。

注意：指示灯显示绿色闪烁，表示用电设备超过电源插座标记额定功率，进入恒功率工作模式（适用于 1 000W 逆变器）。

请勿在发动机未运转时长期使用逆变器，以避免造成蓄电池亏电。

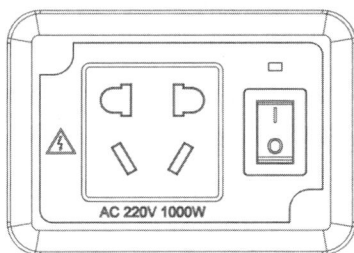

图 7-5-4　逆变器

5. 安全带扣检查

如图 7-5-5 所示，安全带表面应完整，无裂口等缺陷，用手迅速拉能立即停止，放手后能自动收回，能顺畅地扣上和解锁。

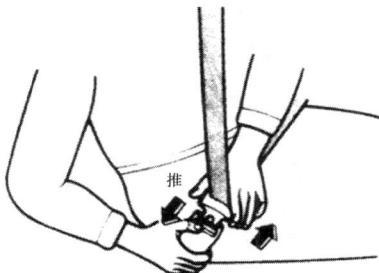

图 7-5-5　安全带扣

安全带的检查

学生笔记：

_____

_____

_____

_____

_____

_____

_____

模块 8
检查内外饰

|任务 8.1　检查内饰|

8.1.1　任务信息

任务 8.1　检查内饰

姓名			班级	
学时			日期	
成绩			教师签名	
案例导入	小李新购了一台车辆，要求维修技师对车辆内饰进行一次专业的检查			
任务目标	知识	掌握内饰外观检查的方法		
	技能	1. 能够正确进行内饰外观检查； 2. 能够正确进行遮阳板及顶棚检查； 3. 能够正确进行内饰件储物空间检查； 4. 能够正确进行地毯检查		
	素养	培养严谨细致的工作态度		

8.1.2　任务准备

1．实训车辆 4 台、车用吸尘器 4 台、护目镜及手套若干。
2．媒体资源、文档资源。

8.1.3　任务实施

说明：请查阅"参考信息"、媒体资源和文档资源，完成以下工作任务。

检查内饰

1. 执行仪表台的外观检查，在正确的选项上画"√"。

① 目视检查仪表台，仪表台 □允许 □不允许 有颜色变化，指甲可感觉到＞5mm 的划伤。

② 目视检查仪表台表面：□允许 □不允许 有剥落。

③ 目视检查 □转向盘 □扬声器盖 □中央杂物箱 □换挡手柄 □手制动手柄 □座椅 □驾驶室顶棚等外观应完好，无明显色差。

④ 清洁 □仪表台 □座椅 □驾驶室顶棚 □转向盘 □杂物盒等饰板。

2. 执行遮阳板及驾驶室顶棚的检查，记录检查要点及检查结果。

① 检查遮阳板表面，应 □无破损 □允许存在轻度瑕疵。

② 遮阳板放下和收起时，应 □收放自由 □阻力较大。

③ 驾驶室顶棚应装配牢靠，用手感觉应该没有 □下塌 □平顺的感觉。

3. 执行各储物空间的检查，圈出下图中需要检查的储物空间。

4. 执行地毯的检查，记录检查结果。

① 检查要点：检查驾驶室内各处的地毯有无脏污或破损；使用吸尘器清除驾驶室内地毯上的灰尘、泥土和杂物等。

② 检查结果：_____

_____

_____

8.1.4 参考信息

检查内饰外观

为了提高车辆驾驶的舒适感，技师进入车辆驾驶室内部后，需要对内饰进行检查。

（1）检查仪表台

① 目视检查仪表台，仪表台不允许有颜色变化、指甲可感觉到＞5mm 的划伤。

② 目视检查仪表台表面应无剥落。

③ 目视检查转向盘、扬声器盖、中央杂物箱、换挡手柄和手制动手柄等外观应完好无明显色差。

④ 清洁仪表台、转向盘和杂物盒等饰板。

（2）检查车门及内饰板（见图 8-1-1）

① 检查确认各车门开启及锁闭是否正常。

② 目视检查各门内饰板有无划痕、脏污及变形。

③ 清洁门内饰板。

图 8-1-1　车门及内饰板检查

（3）检查遮阳板及驾驶室顶棚（见图 8-1-2）

① 检查遮阳板表面有无破损。

② 遮阳板应能够自由放下和收起。

③ 顶棚应装配牢靠，用手感觉没有下塌的感觉。

④ 驾驶员周围顶棚及卧铺周围内饰应干净无污物。

图 8-1-2　遮阳板及驾驶室顶棚检查

（4）检查各储物空间（见图 8-1-3）

中央杂物箱应可以正常开启，清除灰尘和杂物；其他储物空间表面及内部应无破损，清除里面的杂物后进行清洁。

注意：在为客户车辆进行检查时，需在征询客户的允许后才可进行检查。

（5）检查地毯（见图 8-1-4）

检查驾驶室内各处的地毯有无脏污或破损；使用吸尘器清除驾驶室地毯上的灰尘、泥土和杂物等。

图 8-1-3　各储物空间检查

图 8-1-4　地毯检查

|任务 8.2　检查外饰|

8.2.1　任务信息

任务 8.2　检查外饰

姓名		班级	
学时		日期	
成绩		教师签名	
案例导入		小李新购了一台车辆，要求维修技师对车辆外饰进行一次专业的检查，请按照维修手册要求进行规范检查	
任务目标	知识	掌握外饰外观检查的方法	
	技能	1．能够正确进行外饰外观检查； 2．能够正确进行玻璃损伤检查； 3．能够正确进行轮胎及轮毂检查； 4．能够正确进行后视镜及灯具检查	
	素养	培养严谨细致的工作态度	

8.2.2　任务准备

1．实训车辆 4 台、车用吸尘器 4 台、护目镜及手套若干；
2．媒体资源、文档资源。

8.2.3　任务实施

说明： 请查阅资源"参考信息"，完成以下工作任务。

检查外饰

1．执行外饰漆面检查，记录检查结果。

① 检查要点：环绕全车一周，目视检查油漆表面有无锈斑、凹凸点及划伤，表面是否有油漆表面损伤的凹凸或油漆表面无损伤但有深度/高度＞0.5 的凹凸，或者生锈、脱落、裂纹、露底钣金凹凸（不含焊点）。

② 实车检查结果：_____

_____

2．执行前、后风窗玻璃检查，记录检查结果。

① 检查要点：目视前、后风窗玻璃及车窗玻璃是否变色、划伤、破损；目视左右对称的门窗玻璃，是否为同一规格、同一颜色。

② 实车检查结果：_____

_____

3．执行轮胎及轮毂检查，记录检查结果。

① 检查要点：环检车辆，观察四轮轮胎有无变形、损伤，钢圈有无划伤痕迹；饰盖有无缺失，标牌是否稳定扣合；4 个轮胎是否同型号、同厂家；轮胎气压是否与轮胎标识一致。

② 实车检查结果：_____

_____

4．执行灯具及后视镜检查，记录检查结果。

① 检查要点：后视镜镜面是否清洁；图像是否清晰；与车身漆面有无明显色差；灯具是否有划伤、破损。

② 实车检查结果：_____

_____

_____

8.2.4　参考信息

检查外饰

对车辆外饰进行检查，主要检查项目有车身外部漆面、车门边缘漆面、轮胎轮毂及灯具状态等。

（1）检查外饰漆面（见图 8-2-1）

环绕全车一周，目视检查油漆表面有无锈斑、凹凸点及划伤，表面是否有油漆表面损伤的凹凸或油漆表面无损伤但有深度/高度＞0.5 的凹凸，或有生锈、脱落、裂纹及露底钣金凹凸（不含焊点）。

图 8-2-1　外饰漆面

（2）检查玻璃（见图 8-2-2）

目视检查前、后风窗玻璃及车窗玻璃是否有变色、划伤、破损。是否有颜色变化、指甲可感觉到的且大于 5mm 的划伤。是否有破损；左、右对称的门窗玻璃，是否为同一规格、同一颜色。

图 8-2-2　玻璃

（3）检查轮胎及轮毂（见图 8-2-3）

环检车辆，观察四轮轮胎有无变形、损伤，钢圈有无划伤痕迹；饰盖有无缺失，且标牌稳定扣合；4 个轮胎是否为同型号、同厂家；轮胎气压是否与轮胎标识一致。

图 8-2-3　轮胎及轮毂

（4）检查后视镜及灯具

检查后视镜镜面是否清洁；图像是否清晰；与车身漆面无明显色差；灯具是否有划伤、破损，如图 8-2-4 所示。

（5）检查标牌（见图 8-2-5）

检查标牌（包括车型名称商标牌、厂标牌、型号标牌）、后装饰灯、防擦条、裙板安装是否平整、牢固、不歪斜、无划伤、无缺失，粘贴点不离空、排量标识清晰。

图 8-2-4　灯具

图 8-2-5　标牌

学生笔记：

模块 9
检查售前车辆

|任务 9.1　认识 PDI|

9.1.1　任务信息

任务 9.1　认识 PDI

姓名		班级	
学时		日期	
成绩		教师签名	
案例导入	车主王先生打电话向 4S 店投诉，刚买的车辆发现转向盘在转动时有异响，经 4S 店维修人员排查，是由于服务人员在车辆出厂前没有按规范步骤进行售前车辆检查		
任务目标	知识	1. 了解 PDI 的定义； 2. 熟知进行 PDI 的原因； 3. 掌握 PDI 的目标	
	技能	1. 能够向客户详细地介绍进行 PDI 的目的； 2. 能够解释 PDI 的意义	
	素养	1. 培养严谨细致的工作态度； 2. 提升分析问题、解决问题的能力	

9.1.2　任务准备

1. 实训车辆 4 台、常用工具 4 套（套筒扳手组件、扭矩扳手、钳子组件）。
2. 媒体资源、文档资源。

9.1.3　任务实施

说明：通过查询"参考信息"、文档资源、媒体资源等，完成以下工作任务。

认识 PDI

1．为什么要进行 PDI？

_____

_____

_____

_____

2．PDI 的好处有哪些？

_____

_____

_____

_____

3．小组讨论 PDI 的目标有哪些，并记录。

_____

_____

_____

_____

_____

4．开展组内自评与组间互评。

评价记录：_____

_____

_____

_____

5．进行实训场地 6S 管理。

9.1.4　参考信息

1．PDI 的定义

售前车辆检查（Pre-Delivery Inspection，PDI）是交车的一部分，为产品交付前的质量检查，包括一系列在新车交付前需要完成的工作。其中大部分项目是由服务站来完成的。PDI 是确保车辆整体完好无损、各功能部件工作正常、交车前初始车况符合质量要求的非常重要的环节，也是为提高客户满意度、降低客户投诉率、减少车辆售出后不必要纠纷的切实举措。

2．PDI 的原因

汽车生产厂家在生产过程中能够保证汽车的产品质量，但是不能保证汽车完好无损地运到特约销售中心。有诸多因素能使汽车遭到损坏，从制造厂家到特约销售中心的时间可能是几个星期，也可能是几个月。在这期间，车辆可能遇到极端恶劣自然条件的情况，如存储过程中的高温、冰雪以及运输过程中的碰撞、飞石、严寒等，因此交车前的检查极其重要。
图 9-1-1 所示为 PDI 场景。

图 9-1-1　PDI 场景

3. PDI 的目标

PDI 的目标为确保向用户交付"零"缺陷的车辆，经过认真和彻底的 PDI 后，我们将能够：
（1）确保将完好状态的车辆交至客户手中；
（2）避免因较小的故障或缺陷导致客户对经销商和车辆的投诉和不满；
（3）增强客户对品牌的信心；
（4）提高客户满意度；
（5）提升企业汽车品牌形象。

|任务 9.2　实施 PDI|

9.2.1　任务信息

任务 9.2　实施 PDI

姓名			班级	
学时			日期	
成绩			教师签名	
案例导入	李先生发现自己新买的车辆出现轮胎胎压报警，于是将车辆开到维修站进行轮胎检查，经检查怀疑是胎压在出厂时没有调整。如果你是维修站技师，你需要如何实施 PDI 呢			
任务目标	知识	1. 掌握 PDI 的时机； 2. 熟知 PDI 的项目； 3. 了解 PDI 问题处理的方法		
	技能	1. 能够规范地进行 PDI； 2. 能够处理 PDI 中的问题		
	素养	1. 树立规范操作的意识； 2. 提升分析问题、解决问题的能力		

9.2.2　任务准备

1．实训车辆 4 台、常用工具 4 套（套筒扳手组件、扭矩扳手、钳子组件）。
2．媒体资源、文档资源。

9.2.3　任务实施

说明：通过查询"参考信息"、文档资源、媒体资源等，完成以下工作任务。

实施 PDI

1．我们 PDI 的时机有哪些？

_____

_____

2．对实训车辆执行 PDI，记录操作要点。

_____

_____

_____

_____

_____

3．讨论并记录，在实施 PDI 时，如车辆存在异常，应该如何处理？

_____

_____

_____

_____

_____

4．开展组内自评与组间互评。

评价记录：_____

_____

5．进行实训场地 6S 管理。

9.2.4　参考信息

1．PDI 的时机

（1）入库前检查

经销商从运输到接车完成后，在入库前等待销售期间就需要及时对车辆进行 PDI。

（2）库存定期检查

车辆保存一段时间后，受环境的影响，可能受到一定的伤害，比如车辆外观划伤、灰尘过多、蓄电池电量不足等，这时就需要定期对库存车进行检查。此时的 PDI 项目可以简化，仅对某些重点项目进行检查，如车身漆面、车身玻璃、轮胎及轮胎气压、蓄电池电压等。

（3）交车前检查

一旦车辆成交，在把车辆交给客户之前，还需要做最后一次的 PDI。检查项目体现在车辆外观、性能等方面，必要情况下还需要试车，尽一切可能保证客户开走的是一辆性能完好的车辆，尽量避免客户新车投诉的情况产生。

2. PDI 的内容

当车辆运到特约销售服务中心时，特约销售服务中心应按照要求对车辆进行 PDI，PDI 的内容如下。

（1）检查钥匙、随车文件资料、工具是否齐全，如图 9-2-1 所示。

图 9-2-1 随车用品

（2）检查驾驶室外观是否有磕碰划伤、局部变形、明显色差、补漆漆雾等情况，如图 9-2-2 所示。

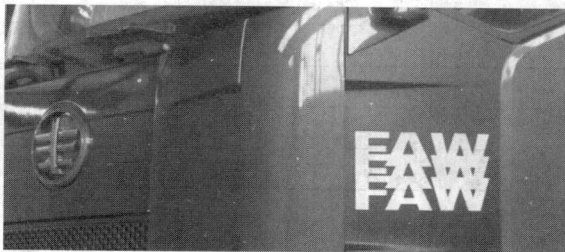

图 9-2-2 驾驶室外观

（3）检查驾驶室内是否整洁干净，没有废弃物，如图 9-2-3 所示。

图 9-2-3 驾驶室内部

（4）检查驾驶室内各种灯光、仪表、信号是否完好、工作正常，如图 9-2-4 所示。

图 9-2-4　驾驶室内仪表

（5）检查驾驶室内各种辅助设备是否完好无损、工作正常，如图 9-2-5 所示。

图 9-2-5　驾驶室内辅助设备

（6）检查手动变速器操纵机构是否挡位齐全、操作自如、无异响、无干涉，如图 9-2-6 所示。

图 9-2-6　手动变速器操纵机构操作

（7）检查离合器是否分离彻底、接合平顺，离合器踏板是否功能正常、操作平顺，如图 9-2-7 所示。

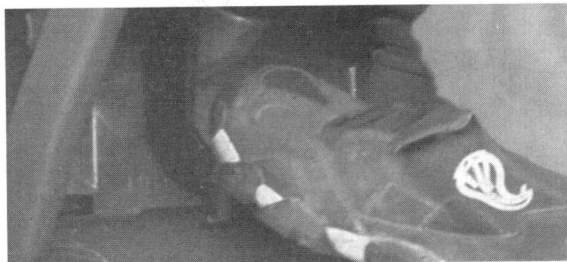

图 9-2-7　离合器踏板操作

（8）检查转向盘转动时是否无阻滞、干涉、异响，如图9-2-8所示。

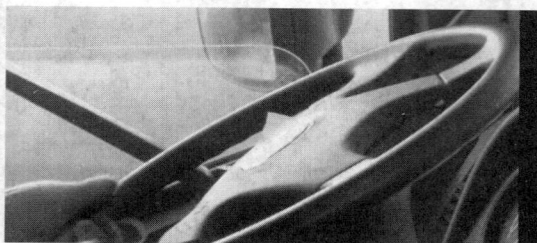

图9-2-8　转向盘转动示意图

（9）检查制动系统各部件工作是否正常，驻车系统是否有效可靠、无漏气现象，如图9-2-9所示。

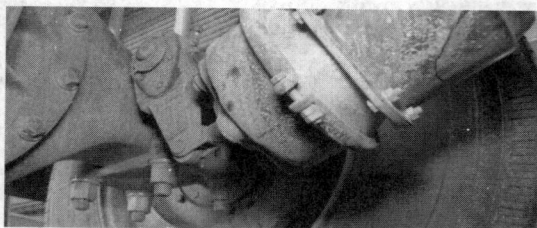

图9-2-9　制动系统各部件

（10）检查驻车灯、前照灯、雾灯、转向灯、制动灯、倒车灯及灯罩是否完好、工作正常，如图9-2-10所示。

图9-2-10　灯光示意图

（11）检查驾驶室液压举升机构、液压锁是否操控自如，如图9-2-11所示。

图9-2-11　驾驶室液压举升机构

（12）检查发动机油量情况，油量不能低于机油标尺的下限，如图 9-2-12 所示。

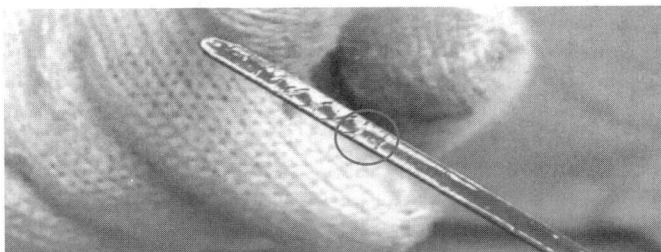

图 9-2-12　机油标尺下限

（13）检查冷却液的加注情况，冷却液的加注量不能低于膨胀水箱下限，如图 9-2-13 所示。

图 9-2-13　冷却液检查

（14）用专用扳手紧固手动变速器加油螺栓和放油螺栓，如图 9-2-14 所示。

图 9-2-14　变速器螺栓

（15）用专用工具紧固后桥的加油螺栓和放油螺栓，如图 9-2-15 所示。

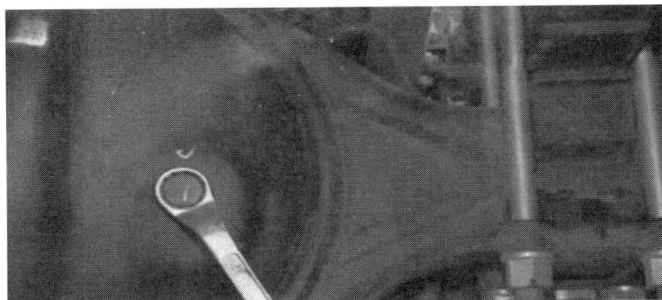

图 9-2-15　后桥螺栓

（16）检查漏油、漏水、漏气等情况并排除，如图 9-2-16 所示。

图 9-2-16　油管、水管等部件

（17）检查整车线路是否完好无损、无干涉，如图 9-2-17 所示。

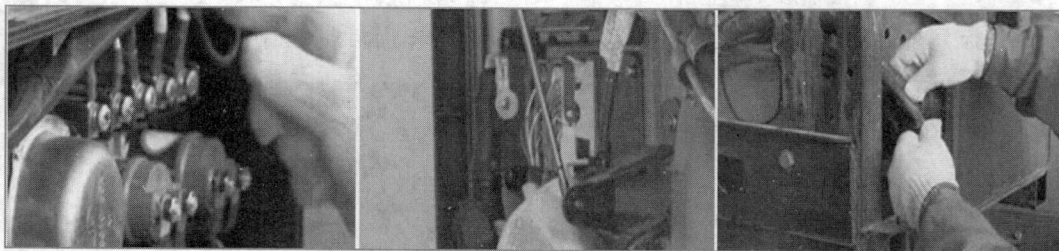

图 9-2-17　整车线路

（18）检查油箱盖是否开启、关闭自如，如图 9-2-18 所示。

图 9-2-18　油箱盖

（19）检查备胎是否完好无损，如图 9-2-19 所示。

图 9-2-19　备胎

（20）检查并调整轮胎气压，如图 9-2-20 所示。

（21）紧固轮胎螺栓，如图 9-2-21 所示。

图 9-2-20　轮胎气压检查示意图

图 9-2-21　紧固轮胎螺栓

（22）检查发动机是否正常起动，在怠速、中速、高速情况下运转是否平稳无异响，显示屏仪表显示是否正常，点火开关关闭后发动机是否能正常熄火，如图 9-2-22 所示。

图 9-2-22　驾驶室内仪表显示示意图

（23）填写保用服务手册内的售前检查卡，加盖服务站业务章，如图 9-2-23 所示。

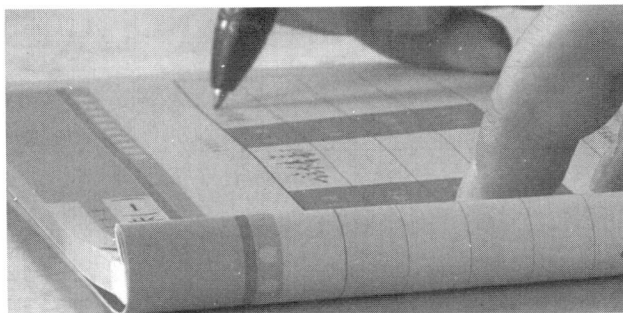

图 9-2-23　售前检查卡填写示意图

3. PDI 的实施

（1）PDI 准备

① PDI 检查人员由特约店服务中心服务人员兼职。

② 进行 PDI 前，应先将车辆清洗干净。

③ 准备合适的工位及工具等。

（2）PDI 项目要求

① 执行 PDI 时，应按 PDI 检查单上的检查序号逐项检查、逐项记录。

② 根据车型及年款的不同，PDI 检查单所列项目与实际车型检查内容可能有所不同，应结合实际车型进行检查。

（3）PDI 问题处理及反馈

① 在 PDI 中发现缺陷和故障后，按品牌正常的三包结算流程工作，同时各特约售后服务中心应严格按照流程优先予以修复，并由 PDI 检查员重新对其进行检查。对有品质问题的车辆，严禁先将车交付客户，若在客户反映以后再办理索赔维修，将严重破坏企业品牌形象和引起不可预料的后果。

② 在整个 PDI 中发现的任何缺陷和故障信息都需收集汇总后定期反馈给售后服务部，对于重大的批量产品的缺陷和故障应立刻反馈给厂家。

学生笔记：